e 129/11

T.3465.
D.

PRÉCIS DESCRIPTIF

SUR LES

INSTRUMENS

DE CHIRURGIE.

A PARIS, DE L'IMPRIMERIE DE LEBÈGUE,
RUE DES NOYERS, N° 8.

PRÉCIS DESCRIPTIF

SUR LES

INSTRUMENS

DE CHIRURGIE

ANCIENS ET MODERNES;

CONTENANT LA DESCRIPTION DE CHAQUE INSTRUMENT, LE NOM DE CEUX QUI Y ONT APPORTÉ DES MODIFICATIONS, CEUX PRÉFÉRÉS AUJOURD'HUI PAR NOS MEILLEURS PRATICIENS, ET L'INDICATION DES QUALITÉS QUE L'ON DOIT RECHERCHER DANS CHAQUE INSTRUMENT,

AVEC PLANCHES;

PAR HENRY,

Coutelier de la Chambre des Pairs,

Fabricant d'Instrumens de Chirurgie.

A PARIS,

CHEZ
{
R, RUE DE L'ÉCOLE-DE-MÉDECINE, N° 24;
ALEXIS EYMERY, RUE MAZARINE, N° 30;
BÉCHET J^e, PLACE DE L'ÉCOLE-DE-MÉDECINE, N° 4;
BAILLIÈRE, RUE DE L'ÉCOLE-DE-MÉDECINE, N° 16.

1825.

A MONSIEUR

LE CHEVALIER LEMAIRE,

CHIRURGIEN-DENTISTE DE LL. MM. LE ROI ET LA REINE DE BAVIÈRE, ETC., ETC., ETC.

Monsieur,

Si la protection que vous accordez aux Artistes ne m'autorisait à vous dédier cet Ouvrage, la bienveillance particulière dont vous m'avez honoré, serait un titre que je ferais valoir pour vous prier d'accueillir cet Hommage. C'est à vos encouragemens et à votre indulgence pour mes essais que je dois d'avoir entrepris ce travail; permettez-donc qu'il paraisse sous vos auspices.

Si la Chirurgie dentaire a été portée, de nos jours, à la véritable hauteur qu'un Art d'un si grand intérêt devait atteindre, c'est aux observateurs judicieux, aux praticiens habiles qui lui consacrèrent leurs veilles et leurs talens, qu'il faut en attribuer le mérite. Parmi ces hommes distingués, Monsieur, vos services envers l'humanité pendant vingt années d'une pratique brillante, vos savantes recherches, vos nombreuses expériences, vos ingénieuses découvertes, et enfin vos Ouvrages didactiques vous donnent une place justement méritée.

C'est vous en effet, Monsieur, qui le premier, dans une série de traités complets, avez embrassé l'ensemble de la science, et qui avez présenté, dans tout son jour, l'état actuel des connaissances anatomiques, physiologiques et pathologiques qui lui sont relatives.

Vous aviez préludé à ces compositions en enrichissant la littérature médicale française de la traduction de l'Histoire naturelle des Dents humaines, de Fox, et l'on ne peut omettre, en rappelant vos premières productions, de citer ce charmant Ouvrage du Dentiste des Dames, véritable traité d'ygiène spéciale, où les plus utiles conseils sont déguisés sous les charmes du badinage, et, comme on l'a dit alors, où l'homme d'esprit aimable exprime la grave pensée du grave Docteur.

En écrivant le Livre que j'ai l'honneur de vous offrir, je n'ai pas eu la prétention de traiter des sujets étrangers à mon état, mais j'ai pensé que le Fabricant d'Instrumens de Chirurgie devait, par exemple, pour l'exécution rationnelle de ces Instrumens, être parfaitement instruit de l'usage auquel ils sont destinés, et du mode particulier de leur application; et qu'il lui était nécessaire d'être pourvu de diverses connaissances qui favorisent à la fois son travail, et en garantissent le résultat. J'ai essayé de réunir ces diverses notions dans le Précis que je publie; elles serviront à témoigner que le Fabricant d'Instrumens de Chirurgie ne doit pas être seulement un bon Ouvrier; mais qu'il doit encore avoir acquis des connaissances qui réclament de l'intelligence et de l'application, et par-là même, relèvent sa profession.

J'ai l'honneur d'être avec la considération la plus distinguée,

Monsieur,

Votre très-humble
serviteur,
HENRY.

INTRODUCTION.

Les Opérateurs, dans la noble intention d'abréger les souffrances de l'humanité, ont inventé de nombreux Instrumens; la confection en est confiée aux Fabricans d'Instrumens de Chirurgie. Ces derniers se sont exercés à chercher dans les ressources de leur art, les moyens nécessaires pour les confectionner d'une manière propre à atteindre le but que s'est proposé le Chirurgien; leur confection exige, de la part du Coutelier, de l'application, de l'étude et des connaissances. Il n'est certainement pas nécessaire qu'il possède la science d'un Praticien; mais encore doit-il connaître l'usage de l'Instrument qui lui est commandé, pour pouvoir l'exécuter rationnellement.

Souvent il doit imaginer la forme de chaque pièce qui compose l'Instrument, il doit en régler les proportions, les leviers, calculer le jeu des bascules, des ressorts, des vis, etc., et inventer les outils propres à fabriquer les nombreuses pièces qui composent un arsenal de Chirurgie. Pour se distinguer dans sa profession, le Fabricant d'Instrumens de Chirurgie doit donc connaître, non-seulement la forme, la force et la dimension, mais encore à quel usage chaque Instrument est destiné. J'ai pensé qu'un Ouvrage qui ne donnerait que ces simples connaissances, pourrait être utile au Fabricant; d'autres plus habiles marcheront peut-être un jour sur mes traces, et leurs écrits, je n'en doute pas, contribueront à faire apprécier une profession qui exige quelque chose de plus que d'être bon Ouvrier; car, quel est le Praticien qui n'a pas souvent eu l'occasion de sentir de quelle conséquence pouvait être quelquefois la bonne ou mauvaise confection d'un Instrument ?

Quelquefois la mauvaise conformation d'un Instrument a fait commettre de grandes fautes à l'Opérateur; souvent elle a été cause que beaucoup d'opérations n'ont pas eu le résultat heureux auquel on devait prétendre.

Garengeot, de son temps, s'étonnait du peu d'importance que l'on attachait à la confection des Instrumens : « Mais ce qui
« nous surprend davantage, disait ce la-
« borieux Praticien, c'est que la méca-
« nique ayant reçu, depuis trente à qua-
« rante années, de notables accroissemens
« dans tous les arts, on se soit si peu
« appliqué à perfectionner les Instrumens
« d'un art aussi utile qu'est la Chirurgie,
« et que l'on ait si peu réfléchi sur leur
« bonne ou mauvaise structure, aussi

« bien que sur les utilités ou les inconvé-
« niens qu'ils peuvent avoir dans la pra-
« tique. » De nos jours, les Chirurgiens
attachent plus d'importance à un Instrument bien fait. Nous pouvons rivaliser avec les Fabricans anglais, et leur prétendue supériorité dans ce genre d'industrie n'existe que dans l'imagination de quelques têtes anglomanes. En vain nous opposerait-on leur acier fondu; notre fer de Berri vaut celui de Suède, et des usines, telles que celles de la Berrardière, font tomber cette faible objection.

Parmi les Auteurs qui ont parlé des Instrumens de Chirurgie, Ambroise Paré, Jacques Guillemeau, son disciple, Fabrice d'Aquapendente, Scultet, et beaucoup d'autres, sont trop anciens pour être consultés avec avantage par le Fabricant; le superbe ouvrage de notre ancien confrère Perret n'est pas à la portée de tout le monde, et les nombreux changemens survenus dans la forme et la dimension des Instrumens, rendent presqu'inutile le Traité des Instrumens de Chirurgie de Garengeot. Ces diverses considérations m'ont engagé à publier ce Précis descriptif des Instrumens de Chirurgie. Pour ne point augmenter inutilement ce volume, je n'ai pas fait mention d'une grande quantité d'Instrumens dont l'usage est depuis long-temps proscrit; je n'ai donné que la description de ceux qui sont restés dans la pratique. Les Instrumens inventés par les Praticiens de nos jours les plus en vogue, ont été le motif d'une attention plus particulière. Je me suis attaché à en donner une description claire et précise; j'ai indiqué les changemens ou corrections dont ils ont été l'objet; le nom de l'inventeur, et l'usage auquel chaque Instrument est spécialement destiné. Sans entrer dans des détails qui n'appartiennent qu'à l'étude de la Chirurgie, j'ai tâché de donner de chaque Instrument la connaissance la plus distincte et la plus précise, sans négliger aucune des circonstances propres à faire connaître le jeu, la construction et la régularité de ses dimensions. J'ai indiqué la qualité spéciale que l'on exigeait dans chaque Instrument en particulier; et, pour jeter quelques variétés sur l'aridité qu'offre une telle description, j'ai donné une courte notice sur les célèbres Praticiens auxquels nous devons les divers Instrumens que je décris.

L'ordre ancien que l'on avait coutume de suivre dans les Opérations, était de les diviser en synthèse, diérèse, exérèse et prothèse; je n'ai point suivi cette division; j'ai préféré classer les Instrumens par genre d'Opération. Cette classification pourra peut-être rendre cet Ouvrage de quelque utilité aux jeunes Praticiens. Afin de connaître les divers Instrumens nécessaires pour pratiquer une opération quelconque, il suffira de chercher le mot de cette Opération, qui se trouvera rangé dans l'ordre alphabétique.

M. Percy s'exprimait ainsi sur les connaissances que doit posséder le Fabricant d'Instrumens de Chirurgie : « S'il est « utile au Chirurgien d'avoir des connais- « sances dans l'art de faire des Instru- « mens, il est indispensable au Coutelier « artiste de connaître les Opérations de « Chirurgie, d'y assister souvent, afin de « pénétrer le but et l'intention des Opé- « rateurs. C'est par là qu'il se distinguera « des artisans vulgaires, et qu'il s'asso- « ciera, en quelque sorte, à la gloire des « inventeurs. »

En composant cet Ouvrage, je n'ai point eu la prétention de traiter des sujets étrangers à mon état; je ne suis point entré dans le Manuel des Opérations de Chirurgie : une telle prétention aurait été déplacée, et eût exigé des connaissances qui ne sont pas nécessaires à ceux qui suivent ma profession.

Le célèbre Desault attachait beaucoup d'importance à la confection de ses Instrumens; ses élèves et ses émules étaient aussi très-difficiles, car leur choix peut donner, jusqu'à un certain point, la mesure du génie et du talent de l'Opérateur : *Qu'il me montre ses Instrumens,* disait Louis, en parlant d'un Chirurgien qu'on lui vantait, *et je vous dirai ce que je pense de lui.*

PRÉCIS DESCRIPTIF

SUR LES

INSTRUMENS

DE CHIRURGIE

ANCIENS ET MODERNES.

ACCOUCHEMENS.

Les instrumens dont on se sert dans les accouchemens laborieux sont : le forceps, les crochets mousses ou aigus, le levier, le perce-crâne, le tire-tête, le speculum uteri, le bistouri, le couteau long boutonné, le pelvimètre, le tube laryngien.

Des Crochets mousses.

Les crochets mousses sont placés à l'extrémité des manches du forceps; dans le forceps de Levret ils ont une forme d'oreille renversée, dans celi de M. Dubois, ils sont olivaires, et présentent pe d'étendue dans leur courbure. M. Delpech veu qu'on donne plus d'ouverture au crochet, et qu'on la prolonge sur la partie des branches qui lui sert de manche; qu'il soit cylindrique dans toute son étendue, et non pas aplati ni quadrilatère; enfin que son extrémité soit terminée en larme de suif ou en portion de sphère.

Des Crochets aigus.

Le crochet aigu est monté sur un manche en ébène taillé à pans; cet instrument est composé d'une tige d'acier de cinq pouces de longueur sur cinq lignes de diamètre, terminé par un crochet plat, qui se relève en formant une pointe mousse et polie. Garengeot (1) veut que le manche soit

---

(1) Garengeot (René-Jacques-Croissant de) né à Vitré en Brétagne en 1688, mort en 1759; son père était chirurgien royal à Vitré. Garengeot était sans fortune; Mareschal lui fit accorder, sans rétribution, le grade de maître en chirurgie. Il enseigna l'anatomie; sa réputation et son savoir le firent recevoir membre de la société royale de Londres en 1728. A la création de l'Académie royale, Garengeot en fut nommé membre et commissaire pour les extraits. En 1742, il fut nommé chirurgien-major du régiment du roi, et fit, avec ce corps, plusieurs campagnes, dans l'une desquelles il mourut à Cologne. La clé dentaire, qu'il perfectionna, porte toujours son nom. Nous avons souvent consulté sa description des Instrumens de Chirurgie (2 vol. in-12.) La critique lui reproche, avec quelque raison, une jactance et une présomption peu communes, ainsi qu'une grande crédulité, qui lui fit admettre des observations invraisemblables.

terminé par un petit crochet qui indique toujours de quel côté est tourné le crochet, lorsqu'il est introduit.

Le crochet double, que l'on croit être le tire-tête d'Hippocrate (1), est composé de deux crochets, de deux chaînes et d'un manche; sur ce manche est ajustée une tige d'acier transversale, au milieu est un anneau où sont attachées les deux chaînes, qui ont un pied de longueur chacune; à leur extrémité sont placés les crochets. Mais parmi les divers crochets employés dans les accouchemens, on préfère le crochet à gaine de Levret. Il consiste en une tige d'acier large de sept pouces et demie sur huit lignes de circonférence, aplatie à son extrémité en fer de lance, et recourbée de manière que sa pointe devienne parallèle à sa tige, en formant un sinus parabolique d'un pouce d'ouverture sur dix-huit lignes de hauteur. Une autre tige semblable, au lieu de courbure à son extrémité, présente une cavité capable de recevoir et de cacher le crochet de l'autre tige. Ces tiges sont montées chacune

---

(1) Hippocrate, surnommé le père de la médecine, est né à Cos, la première année de la quatre-vingt-sixième olympiade, selon Histomachus; d'après cela il aurait été contemporain de Socrate et de Platon. Il mourut à Larisse âgé de quatre-vingt-cinq ans, selon les uns, de quatre-vingt-dix ans selon les autres, et même de cent quatre ans d'après quelques autorités.

sur un manche en ébène, sur lequel la queue de la tige entre par incrustation; au côté opposé de ce manche est placée une plaque d'acier à bord saillant, destinée à glisser dans deux coulisses placées sur le manche du crochet.

Le but de cet instrument est d'éviter de blesser la matrice pendant les efforts que l'on est obligé de faire pour extraire les parties accrochées.

Du Levier.

On n'est pas d'accord sur l'origine de cet instrument; quelques auteurs en attribuent la découverte à Ruysch, mais le plus grand nombre l'accordent à Roger Van Roonhuysen. Les premiers praticiens qui s'en servirent en gardèrent le secret; mais en 1753, MM. Vischer et Van de Poel eurent la générosité d'en acheter le secret cinq mille francs, du sieur Herman Van-Der Hyden, dans la louable intention de le faire connaître à tout le monde. D'après ces Messieurs, le levier de Roonhuysen n'était qu'une lame d'acier bien trempée, de onze pouces de longueur sur un de largeur et une ligne et demie d'épaisseur; la partie moyenne était droite, et les extrémités étaient légèrement recourbées dans l'étendue de trois pouces et demi à peu près, sur une ligne et demie de profondeur. Le revers de la partie moyenne et l'extrémité de chaque courbure étaient garnis de diachilon gommé ou d'emplâtres de diapalme. Enfin tout l'instrument était recouvert d'une peau de chien fort douce et artistement cousue.

Ce levier changea souvent de formes et de dimensions; Boom ou Platmann lui donnèrent une courbure nécessaire pour éviter la compression du canal de l'urètre, et augmentèrent la courbure des extrémités. Titsing faisait recouvrir son levier avec de la laine; l'une des extrémités était terminée par un anneau. Le levier de Rigaudeaux avait la forme d'une spatule, et était supporté par un manche de bois. Morand (1) et Fleurant avaient proposé de faire confectionner le levier en ivoire. Celui de Fleurant avait la forme d'un S. Camper, Herbiniaux, Aitkin et beaucoup d'autres praticiens proposèrent divers leviers.

En France on adopta un levier modifié par Péan. Sa longueur est de quatorze pouces, il n'a qu'un cuilleron à l'extrémité, et l'autre est muni d'un manche à rouleau en bois d'ébène, cimenté avec la queue, et rivé au bout. La cuiller, qui est plus alongée que dans les autres leviers, a cinq pouces de long, et est fenestrée comme celle du forceps.

---

(1). Morand (Sauveur), né à Paris en 1697, mort en 1773, est un de ceux qui ont le plus contribué à accélérer les progrès de la chirurgie en France. Il fut nommé, en 1730, chirurgien en chef de la Charité.

On fait des leviers qui, au moyen d'une charnière, se reployent sur le manche et sont plus portatifs. D'autres qui se courbent plus ou moins par le moyen d'une vis de rappel placée au haut du manche, et descendent dans les deux branches de la cuillère. Une des branches du forceps peut remplacer, dans certains cas, l'emploi du levier.

Du Pelvimètre et du Compas d'épaisseur.

Le pelvimètre de M. Coutouly, dans le principe, ressemblait à l'instrument dont les cordonniers se servent pour prendre la longueur du pied; il était composé de deux tiges d'acier droites, longues de dix pouces. L'une glissait dans une rainure pratiquée dans la longueur de l'autre. Chacune des branches est recourbée à angle droit. Cette portion recourbée est de deux pouces quatre lignes de hauteur, et a la forme d'une feuille d'oranger, mais concave. Les convexités sont en regard lorsque les deux tiges sont assemblées. Sur la tige à rainure sont tracés trois pouces divisés par trois lignes. Cette échelle sert à marquer l'étendue de l'espace compris entre les deux équerres. M. Coutouly a apporté des modifications à cet instrument. Une seule branche est destinée à entrer dans le vagin, l'équerre est plus renversé en arrière, et cette branche a une courbure appropriée à celle du bassin. L'autre branche glisse dans la rainure pratiquée à la précédente, mais l'équerre vient appuyer sur le pubis.

Le compas d'épaisseur est composé de deux branches d'acier formant une courbure de six pouces d'ouverture au centre de l'instrument, lorsqu'il est fermé ; chaque branche se termine en lignes droites, qui sont réunies par une charnière, et forme le manche du compas ; à l'endroit où commence la courbure se trouve un rapporteur gradué qui indique l'ouverture des branches ; ce rapporteur se loge dans l'épaisseur du manche quand le compas est fermé.

Cet instrument est celui que l'on préfère, parce qu'il ne cause point de douleur, et n'alarme pas la pudeur. Avec le pelvimètre il faut explorer les parties, avec le compas d'épaisseur on prend la mesure du bassin à l'extérieur.

Du Speculum uteri.

Nous avons donné la description de cet instrument au mot *Dilatateur*. Mme Boivin, de la Maternité, a apporté quelques modifications à cet instrument. Le speculum se divise en deux parties qui entrent l'une sur l'autre ; de chaque partie du speculum part une tige terminée par un anneau ; ces deux tiges sont à jonction comme celle des ciseaux.

Du Forceps.

L'invention du forceps est généralement attribuée à Chamberlayne, qui pratiquait l'art des accouchemens à Londres, vers le milieu du 17ᵉ siècle (1); Drinkwater, chirurgien de Brentford, vers la même époque, se servait aussi d'un instrument, à ce que l'on présume semblable, pour les accouchemens difficiles. Cependant Jean Palfin (2) est le premier qui ait fait connaître et mettre en usage le forceps; en 1721, il présenta à l'académie des Sciences son instrument, qu'il appelait *mains*; il consistait en deux cuillères sans fenêtres, de neuf pouces de longueur, sur vingt-deux lignes de largeur, montées sur des

---

(1) Chamberlayne (Hugues) fit un secret de l'usage de son instrument, et ne le communiqua qu'à ses neveux; mais Chapman, en 1734, le dévoila dans son traité des accouchemens. Le fils de Chamberlayne tenta en vain d'introduire le forceps en France; il prit malheureusement, pour l'appliquer, un bassin beaucoup trop étroit, et l'on prit occasion de ce fait pour déprécier et le forceps et l'inventeur.

(2) Palfin (Jean), né à Courtray en 1649, mort en 1730, entreprit de nombreux voyages, tant à Leyde et à Londres qu'à Paris, afin d'y entendre les plus célèbres professeurs. Il composa plusieurs ouvrages, et professa l'anatomie à Gand.

manches de bois. A l'une de ces cuillères était une bride en acier, mobile, recourbée à son extrémité, pour y placer l'autre cuillère: elle avait deux pouces et demi de longueur dans l'intérieur de ses crochets, et pouvait monter et descendre à volonté le long des branches des cuillères. C'est d'après cet instrument qu'ont été faits les forceps dont on fait usage aujourd'hui. Cet instrument a tant varié de formes et de dimensions, qu'il serait trop long de citer tous les changemens qu'on lui a fait subir; nous ne parlerons que des forceps qui sont restés dans la pratique.

Chamberlayne fut le premier qui fit de véritables changemens aux mains de Palfin, et en fit le forceps dont il est l'inventeur. Il donna plus d'étendue aux cuillères, les fit percer à jour par une fenêtre longitudinale, supprima la bride qui joignait les deux branches, et imagina de les faire joindre en croix par entablement, au moyen d'une coulisse qui fait clavette, ce qui donna la facilité d'introduire chaque branche l'une après l'autre. Levret (1) imagina de cour-

---

(1) Levret (André), célèbre accoucheur français, né a Paris en 1703; mort en 1780; membre de l'Académie royale lors de sa création. Il fut nommé accoucheur de Madame la Dauphine, mère de Louis XVI. Levret est un des chirurgiens les plus célèbres dont la France s'honore; ses ouvrages et ses observations sont toujours médités, non-seulement par les praticiens français, mais encore par les étrangers.

ber ces branches sur leur champ, et fit faire une cannelure autour des fenêtres. Dans le forceps de Smellie, la cuillère à partir du point de jonction, s'abaisse d'abord au-dessous de la ligne horizontale, puis se relève comme dans le forceps de Levret; à la jonction des branches était une double encochure.

Du Forceps de Levret.

Ce forceps est composé de deux branches aplaties transversalement; la longueur de chacune est de quinze pouces, on la divise en trois parties : une antérieure, la serre ou la cuillère; une postérieure qui forme la branche ou le crochet; et une moyenne qui est la jonction des deux branches.

La longueur des cuillères est de huit pouces; les bords des fenêtres sont en bourrelet, et il règne tout autour une cannelure. Elles sont courbées sur leur plat; lorsque l'instrument est fermé, elles doivent présenter au centre de leur courbure une ouverture de deux pouces six à huit lignes; à leurs extrémités elles ne doivent pas se toucher, mais laisser un intervalle d'une ligne et demie. L'autre courbure du forceps est sur le bord, de sorte que, placé sur un plan horizontal, le bord inférieur est convexe, et le supérieur est concave. La jonction des branches se trouve à sept pouces de l'extrémité des manches, qui sont terminés par un crochet, dirigé du côté de la face convexe des cuillères; les manches sont arrondis et courbés dans leur faces internes, de manière à laisser un espace d'un pouce dans leur plus grande courbure.

A l'entablement est pratiquée une échancrure creusée dans la moitié de l'épaisseur des branches, elle a quinze lignes de long, dirigée obliquement de dehors en dedans et d'arrière en avant, au moyen de cette entablure, le forceps, au point de jonction, n'a pas plus d'épaisseur qu'une des branches.

Divers praticiens ont apporté quelques changemens à ce forceps. Baudeloque l'allongea de deux pouces, et fit terminer les manches par un crochet aigu, qui se recouvrait à vis par une olive. Le docteur Flammant donne dix-huit pouces de longueur à son forceps. La vive-arête de la face interne des cuillères est supprimée et remplacée par un coup de meule à vif; ce changement est généralement adopté.

Le forceps de M. Dubois avait dix-huit pouces de longueur; mais ce célèbre praticien vient de le réduire à seize; à l'entablement il n'existe point d'échancrure, les branches sont jointes par un pivot, il n'existe point d'ouverture entre les branches qui servent de manches, elles sont terminées par un crochet semblable à celui de Baude loque, et sont recouvertes par des manches en bois d'ébène, qui s'y adaptent au moyen d'une vis ou d'un ressort; le ressort doit être préféré, parce qu'il faut beaucoup moins de temps pour les enlever.

M. Désormeaux pense que l'on pourrait supprimer le filet saillant qui borde intérieurement les cuillères, *quoiqu'il n'ait jamais vu résulter d'accidens graves de la présence de ce filet*. Nous pensons que pour peu qu'il en résulte le moindre inconvénient, cela doit être suffisant pour autoriser cette suppression.

On fait des forceps brisés, ou qui se démontent, afin d'être plus portatifs. M. Désormeaux, dans son article *forceps*, s'élève contre cette méthode, qui ne peut être d'aucune utilité; le forceps de M. Dubois, dont il n'est pas fait mention dans cet article, est cependant le plus demandé.

Les moyens de jonction ont souvent varié, ils sont avec ou sans encochure, à plaque ou à pivot. M. Guillon, médecin de Paris, vient de faire faire une jonction qui ne tardera pas à être généralement adoptée; un pivot à tête ronde, large en dessus et plate en dessous, est fixé à la branche droite; une ouverture du diamètre du corps du pivot, est pratiquée à la branche gauche, depuis son côté externe jusqu'à son milieu; un ressort fait paraître une tige d'acier qui ferme cette ouverture lorsque les deux branches sont réunies.

M. Barbet a fait ajouter à son forceps un rapporteur gradué qui se trouve placé au-dessous de la jonction des branches, et qui sert à pouvoir l'employer comme pelvimètre.

Du Perce-Crâne pour la Céphalotomie.

On emploie cet instrument pour diminuer le volume de la tête du fœtus, lorsque l'enfant supposé déjà privé de la vie, ne peut être expulsé sans ce moyen. On a imaginé divers instrumens pour cette opération, leur invention est très-ancienne; il en est fait mention du temps de Maschion; quelques praticiens ouvraient la tête du fœtus avec un grand bistouri, ou avec un grand canif, dont la lame était courte et très-large, d'autres employaient un bistouri courbe dont le manche était très-long.

Mauriceau (1) se servait d'abord, pour inciser

---

(1) Mauriceau (François), né à Paris vers le milieu du XVIIe siècle, mort en 1709, se livra long-temps à l'exercice de l'art des accouchemens à l'Hôtel-Dieu; il acquit en peu de temps la réputation la plus brillante et la plus méritée. Mauriceau est considéré comme le premier chirurgien français dont les écrits portent l'empreinte d'un véritable accoucheur. Confiant dans les forces de l'organisme, il attendait presque toujours l'accouchement spontané, et n'avait recours aux opérations, que lorsque l'indication en était évidente et qu'elles étaient le seul moyen de salut.

la tête de l'enfant mort, d'un petit couteau tranchant d'un seul côté. Ce célèbre accoucheur inventa plus tard son perce-crâne. Cet instrument est fait sur les principes du crochet, excepté que son extrémité est en forme de pique à deux tranchans, séparés par une vive-arête ; cet instrument précède le tire-tête ; en présentant la pointe au crâne, on y fait une ouverture capable de recevoir la platine mobile du tire-tête du même auteur. *(Voyez tire-tête.)*

Le perce-crâne de Levret est composé de deux branches unies à jonction passée ; une partie se termine par des anneaux de ciseaux, et l'autre par deux lames pointues, bien jointes ensemble, pour percer la tête. Ces pinces sont tranchantes à leurs bords extérieurs ; cet instrument est fait sur le principe des pinces à anneaux, l'instrument étant fermé, les deux lames jointes ensemble par leurs dos, représentent une feuille de myrthe.

En Allemagne on a fait usage pour la céphalotomie, d'un instrument qui consiste en une lame aiguë, enfoncée dans une gaîne ouverte à son extrémité ; cet instrument ressemble au pharyngotome.

Voïgt propose un couteau aigu dont la pointe est triangulaire, et qui se meut dans une gaîne de laiton. Tous ces instrumens ne sont pas d'une nécessité urgente : le premier instrument tran-

chant et aigu peut être employé à cet usage ;
cependant les préjugés du vulgaire exigent que
l'on n'emploie que des instrumens destinés *ad
hoc*. Le célèbre Baudelocque (1), calomnieuse-
ment accusé de s'être servi d'un couteau de cuisine pour terminer un accouchement, cette asser-
tion mensongère produisit dans le public une
sensation désagréable. Les ciseaux de Smélie sont
préférés par la plupart des praticiens aux divers
perce-crânes dont nous avons parlé. Ces ciseaux
doivent avoir au moins neuf pouces de longueur,
le tranchant fait à la lime répond au dos des
ciseaux ordinaires, une arête existe sur le milieu
des lames, et leur donne plus de force; les pointes

---

(1) Baudelocque (Jean-Louis), né à Heilly en Picardie en 1746, mort à Paris en 1810. Ce célèbre professeur, qui obtint successivement la confiance des reines de Hollande et de Naples, de la grande-duchesse de Berg, et de l'impératrice Marie-Louise, fut le plus grand accoucheur du XVIIIe siècle; il fut agrégé en 1776 au collége de chirurgie, et peu de temps après nommé l'un des conseillers de cette compagnie. Lorsqu'après la tourmente révolutionnaire, on rétablit les écoles, on confia à Baudelocque la chaire des accouchemens ; il fut nommé en même temps chirurgien en chef et accoucheur de l'hospice de la Maternité, établissement unique en Europe, dans lequel dix-huit cents à deux mille accouchemens sont pratiqués chaque année, et dont la renommée de Baudelocque assura la prospérité.

doivent être fortes et aiguës, il n'est point nécessaire que le tranchant soit très-vif.

On exige que cet instrument soit fait en acier fondu, que les branches soient très-fortes, ainsi que le point de jonction.

Du Tire-Tête.

Un grand nombre d'instrumens ont été inventés pour extraire la tête du fœtus, de la cavité utérine : Ambroise Paré conseillait l'emploi du *pied de-griffon*; Ménard se servait de tenailles dentelées, dont les serres étaient recourbées; Arnaud e Grégoire proposaient un filet; beaucoup d'autre praticiens proposèrent divers instrumens qu'i serait inutile d'énumérer, puisqu'ils ne sont plu en usage.

Le tire-tête de Mauriceau est composé de cin pièces, savoir : deux platines rondes, un tuya qui renferme une tige, et un écrou ailé. De deux plaques, une est mobile et ajustée à char nière sur une tige, l'autre est fixe sur le cylindr une vis et un écrou à l'autre extrémité, rappelle la platine supérieure, et la serrent sur l'inférieur qui est fixe après le cylindre. Pour faciliter l prise, à l'intérieur de chaque platine, sont deu dents semblables à celles d'une râpe à gros grain

Le tire-tête de M. Grégoire fils ou de M. La roche de Bicêtre, est composé de deux tiges d'acie formant un coude à leur extrémité, elles sont réunies par deux charnières; cet instrument étant ouvert, les deux extrémités coudées forment alors un T dont les bras s'élèvent un peu.

La pince à mordache de M. Levret, imitée de Fried (1), a deux mâchoires allongées, portant chacune deux dents; une des branches est terminée par un manche, et l'autre par un anneau allongé, pour placer la main.

Le tire-tête de M. Levret est composé de trois branches d'acier, jointes à leur extrémité par une charnière; elles sont montées sur un manche : deux peuvent tourner dessus, et la troisième est fixe. On introduit l'instrument les branches réunies, et ensuite on fait mouvoir les deux branches mobiles pour envelopper la tête.

Le tire-tête de Petit est une modification du précédent.

Le tire-tête de Danavia, chirurgien à Surinam, consiste en un morceau de bois cylindrique et arrondi à ses extrémités, de la grosseur du petit doigt, et de deux pouces de long, au milieu duquel on attache une aune de ruban; cet instru-

---

(1) Fried (Georges Albert), né à Strasbourg, et mort en cette ville en 1773, était professeur d'accouchemens. Fried (Jean-Jacques), son père, eut une plus grande réputation; il est mort à Strasbourg en 1769 à l'âge de quatre-vingts ans, et n'a laissé que quelques mémoires.

ment fort simple s'emploie comme le tire-tête à bascule de Levret; ce dernier instrument est composé d'une tige d'acier montée sur un manche d'ébène; son extrémité est fendue pour recevoir une petite lame d'acier qui est à bascule : elle est fixé par un clou rivé; mais elle doit être libre pour retomber naturellement, et former le T avec la tige principale.

M. Assalini, professeur de Milan, a imaginé un nouveau procédé et de nouveaux instrumens qui ont reçu l'approbation de l'Institut de France; ces instrumens sont : une canule cylindrique en acier de huit pouces de long sur un pouce de diamètre intérieurement; une couronne de trépan, montée sur une tige d'acier d'un pied de long; un ancre à ressort qui est composé d'une tige et de deux ailes rendues mobiles à l'aide d'un ressort, et fixées par un clou; cet instrument peut être remplacé par une olive d'acier, percée au centre et à un bout pour y fixer un double cordon. Enfin un tire-tête à bascule et à crochets mousses, qui se compose d'une branche supérieure, ou branche mâle, et d'une inférieure, ou branche femelle. Leur extrémité est terminée par un petit rebord ou crochet mousse. Vers le tiers moyen inférieur de la branche mâle, on a pratiqué une coulisse large de quatre lignes, et longue d'un pouce et demi. La région correspondante de la branche femelle est percée d'un trou pour recevoir une vis à trois pas. Les branches de ce tire-tête étant réunies, la branche supérieure peut avancer ou reculer sur l'inférieure d'un pouce et demi; c'est par ce mouvement que s'opère la bascule.

Nous bornerons ici la description des nombreux instrumens inventés pour extraire la tête du fœtus dans les accouchemens; il en est des tire-têtes comme des perce-crânes : cet instrument peut souvent être remplacé par le crochet courbe et mousse, ou par une des branches du forceps.

Du Tube laryngien.

Cet instrument ressemble à une algalie de femme; c'est un tuyau d'argent de six pouces de longueur d'une forme conique, ayant une grosse extrémité d'environ cinq lignes de diamètre et une petite qui n'a guère qu'une ligne d'évasement : cette dernière extrémité à laquelle la cavité se termine en cul-de-sac obtus et arrondi, présente, dans l'étendue d'environ deux pouces, une courbure analogue à celle des algalies d'homme, mais un peu plus prononcée. Dans toute cette partie, les parois du tube, au lieu d'être arrondies, comme elles le sont à leur partie supérieure, sont un peu aplaties transversalement dans le sens de la courbure, pour s'accommoder à la forme de la glotte. A deux lignes de distance de la petite extrémité, les parois du tube sont percées, sur chaque face qui résulte de leur aplatissement, par une ouverture ronde d'une demi-ligne de diamètre; l'une et l'autre sont destinées à laisser pénétrer dans les poumons l'air que l'on insuffle par l'autre extrémité du tube. A sept lignes de ces ouvertures se trouve une plaque d'argent très-mince, percée de plusieurs trous pour y attacher une éponge mouillée : cette plaque est destinée à empêcher le tube de descendre plus avant dans le larynx.

Cet instrument, proposé par M. le professeur Chaussier, sert à combattre l'asphyxie des nouveaux nés. Il est fait aussi sur d'autres dimensions pour pouvoir être employé sur les adultes en cas d'asphyxie.

Du Couteau droit.

Cet instrument sert pour la section de la symphyse du pubis; ce couteau doit être fort, fixé d'une manière immobile sur son manche, et boutonné à son extrémité.

Du Bistouri.

Le bistouri que l'on emploie pour l'opération césarienne vaginale, doit être émoussé, arrondi et garni de bandelettes jusqu'à vingt-sept millimètres de son extrémité. Pour l'opération césarienne abdominale on emploie un bistouri convexe et un boutonné.

De la Pince à faux germe.

On n'avait encore inventé aucun instrument pour extraire les faux germes ou les petites môles retenues dans la matrice, lorsque Levret imagina sa pince. Cet instrument est composé de deux branches parfaitement égales, unies à jonction passée; une des extrémités est terminée par des anneaux comme les branches de ciseaux, et l'autre, qui forme la pince, est une cuillère fenestrée oblongue, et légèrement courbée. Ces cuillères laissent entre elles un espace suffisant pour partager le corps à extraire. Cet instrument a huit à neuf pouces de longueur; il doit être en bon acier, et exactement poli. Avant l'invention de Levret, on employait la pince connue sous le nom de bec-de-grue; mais son insuffisance fit sentir la nécessité d'en avoir un *ad hoc*. Cependant, à défaut de la pince à faux-germes, on pourrait se servir d'un crochet mousse ou d'une pince à polype.

ACUPUNCTURE.

L'aiguille que l'on emploie pour pratiquer l'acupuncture, peut être en or, en argent, ou en acier : elle doit être droite, conique, déliée, très-pointue, et longue d'environ quatre pouces. L'extrémité opposée à la pointe, dans la longueur de huit à neuf lignes, a deux lignes de diamètre, est en forme de spiral, terminée par une petite tête percée d'un trou. Quelquefois ces aiguilles sont enfermées, jusqu'à un travers de doigt de leur extrémité, dans une espèce de canule de même métal, qui sert à mettre une borne précise et connue à leur action.

La forme spirale donnée à l'extrémité supérieure de l'aiguille, est nécessaire lorsqu'on veut l'introduire par une pression unie à un mouvement de rotation; lorsqu'on veut l'introduire par percussion, on emploie un petit maillet d'ivoire, de bois ou de corne. Son manche est percé dans sa longueur pour servir d'étui aux aiguilles.

L'acupuncture est très-usitée chez les Chinois, et surtout chez les Japonais, qui l'ont reçue de ces peuples. L'usage en est très-peu répandue en France; plusieurs médecins néanmoins viennent de faire paraître divers écrits pour la préconiser. M. Béclard (1) s'en exprime ainsi : « Avant

---

(1) Les sciences viennent de perdre ce savant profes-

ACCOUCHEMENS.

Explication de la Planche.

Fig. 1. Forceps de M. le baron Dubois, avec l'entablement de M. le doct. Guillon.
2. Compas à pelvimètre.
3. Le Tube laryngien de M. le professeur Chaussier.
4. Crochet à gaîne de Levret.
5. Une Aiguille pour l'Acupuncture.

Pag. 26.

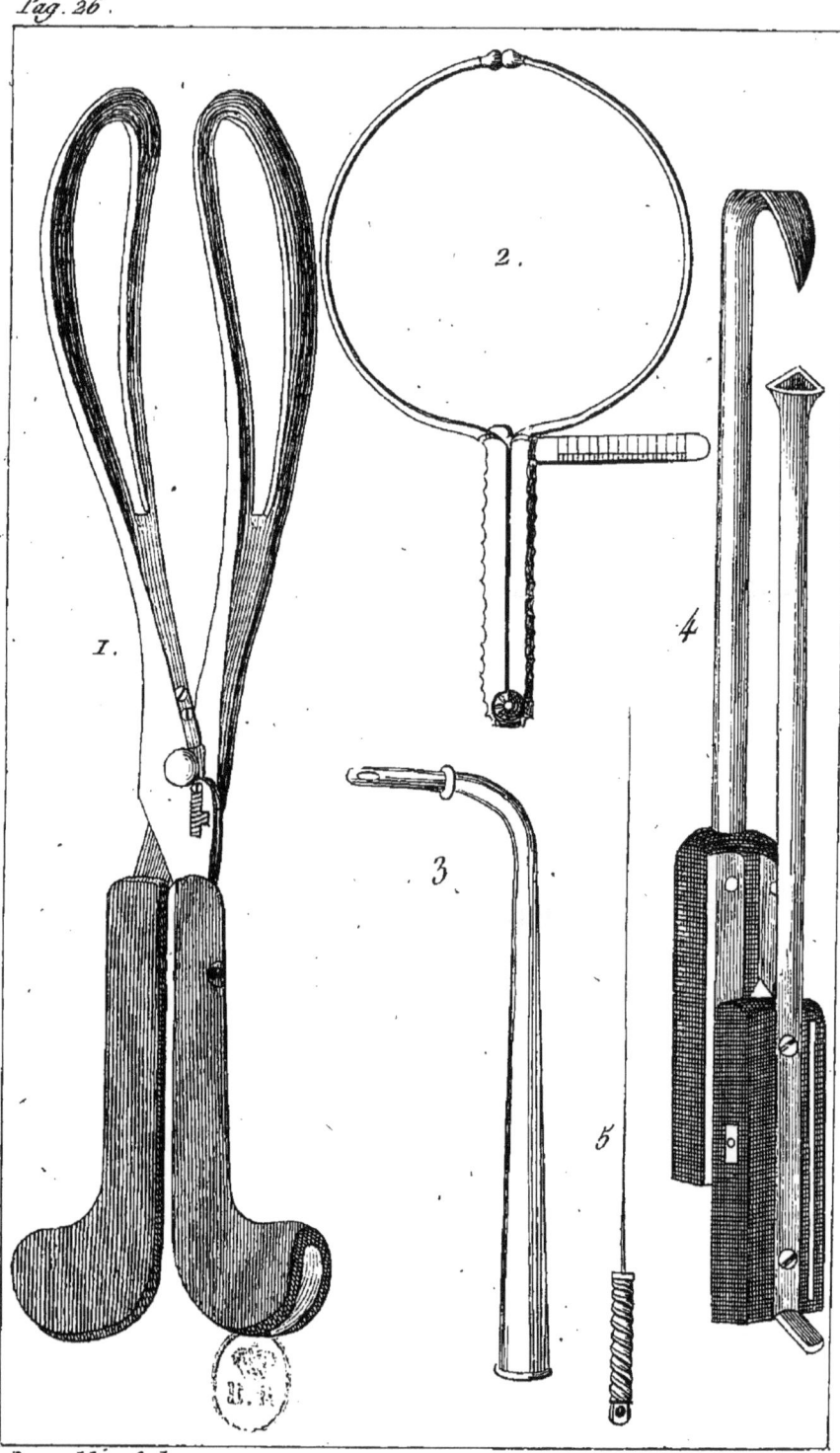

Deseve del. oc Sculp.

« d'avoir fait des expériences sur cette opération,
« et, avant qu'elle eut été employée comme
« moyen curatif en Europe, j'étais assez disposé
« à croire qu'on devait la laisser à ses inventeurs :
« l'expérience m'a confirmé dans cette opinion. »
Les Chinois ont des mannequins dont toutes les
parties sont marquées par des points pour indiquer les endroits propres à acupuncturer.

---

seur (mars 1825). Un journal rend compte ainsi des derniers honneurs qui lui furent rendus. « Les restes de M. Béclard viennent de recevoir les honneurs funèbres, d'une manière bien honorable pour le caractère et les talens qui distinguaient ce jeune et savant professeur. La Faculté de médecine tout entière, une foule d'amis, tous les élèves de l'École, assistaient à cette religieuse cérémonie. Ces derniers ont voulu porter eux-mêmes le corps de leur maître, d'abord jusqu'à l'église de Saint-Sulpice, et ensuite jusqu'au cimetière du P. Lachaise, où un monument sera élevé au digne émule de Bichat.

MM. Pelletan fils, Roux et Pariset, au nom de leurs confrères de la Faculté et de l'Académie, ont déploré la perte et célébré les qualités morales et les titres scientifiques du gendre de M. Dubois. Leur touchante improvisation a été accueillie par l'assentiment unanime du concours immense qui environnait le cercueil. Une douleur générale et profonde attestait la vérité des éloges et des sentimens dont les trois docteurs que nous avons nommés se sont rendus les organes.

Après eux, un ami particulier du défunt et un de ses élèves ont payé un nouveau tribut de regrets à la mémoire d'un homme qu'il sera si difficile de remplacer.

AMPUTATION.

Pour pratiquer cette opération on se sert d'instrumens tranchans pour couper les chairs, de scie pour scier les os, de pinces pour couper les esquilles, de tourniquets pour comprimer les artères. L'appareil est ordinairement composé de un ou de deux couteaux droits, à un seul ou à deux tranchans, un ou deux bistouris droits, un tourniquet ou une pelotte dure, une scie, des pinces à dissection, dont les branches ne sont pas trop épaisses, et qui doivent bien pincer, des aiguilles courbes pour pratiquer la ligature médiate, quand on ne peut pas pincer les artères. Nous allons donner une description détaillée de chacun de ces instrumens.

Du Tourniquet.

Le tourniquet est l'instrument dont on se sert pour suspendre la circulation du sang, dans le membre que l'on veut opérer; Ambroise Paré (1) fut le premier qui proposa d'arrêter le cours du sang, de le suspendre, en plaçant circulairement

---

(1) Ambroise Paré, né à Laval vers le commencement du XVI⁰ siècle, mort en 1590, fut successivement chirurgien de Henri II, de François II, de Charles IX,

du membre, une ligature fortement serrée. Long-temps après, Morel (1), étant au siége de Besançon, imagina le garrot, instrument qu'il forma d'un lacs circulaire, garnie d'une plaque et de deux bâtonnets de cinq à six pouces de long et d'un pouce de diamètre; par la suite on a joint au garrot de Morel une pelotte assez large et une plaque d'ivoire, placées de chaque côté sous les bâtonnets. Enfin J. L. Petit, en 1718, substitua au garrot un instrument de son invention, qu'il nomma tourniquet; cet instrument, lorsqu'il est bien fait, ne comprime le membre que sur deux points diamétralement opposés. Aujourd'hui un aide intelligent supplée au tourniquet, en comprimant l'artère principale du membre, soit immédiatement avec les doigts, soit médiatement en se servant d'une pelotte dure. Le tourniquet de J. L. Petit fut d'abord exécuté en bois, mais depuis long-temps on le fait en cuivre

---

qui prit le soin de le sauver du massacre de la Saint-Barthélemi, et de Henri III. Paré est considéré comme le père et le restaurateur de la chirurgie moderne; plus praticien qu'érudit, l'armée devint sa principale école, et le premier théâtre de ses succès; ses ouvrages sont néanmoins remplis d'observations exactes, et il est peu de sujets de chirurgie que l'on n'y trouve indiqués et même approfondis.

(1) Morel, chirurgien français en 1674.

jaune, ce qui le rend plus maniable et moins volumineux, sans être plus pesant. Il est composé de trois plaques de cuivre, d'une vis, de deux coussins, d'une jarretière et d'une boucle. La vis est quelquefois faite à pas double, si elle monte plus vite, elle a l'inconvénient de se lâcher elle-même; on doit donc préférer celle à pas simple; la jarretière est de soie ou de filoselle, elle a trois pieds de long sur huit de large. Les coussins bourrés avec du coton, sont recouverts avec une peau de chamois : ils doivent être aussi durs que possible.

Le tourniquet d'Heister est composé d'une plaque de cuivre légèrement courbée, large d'un pouce et demi, et longue de trois; à l'une des extrémités de cette plaque, il y a deux rangs de petits trous, pour pouvoir y coudre une courroie; à l'autre extrémité, il y a deux petits crochets; le milieu de cette plaque est percé en écrou, au milieu duquel passe une vis assez forte; la partie supérieure de cette vis est aplatie; la partie inférieure porte une petite plaque ronde, qui a environ un pouce de diamètre; la courroie, qui est cousue par un de ses bouts à une des extrémités de la grande plaque, est percée à l'autre bout de plusieurs trous sur deux rangs, pour que cette machine puisse servir à différentes parties; ces trous servent à accrocher la courroie aux deux crochets, qui sont à l'autre extrémité de la grande plaque. Pour arrêter une hémorragie avec cet instrument, il faut mettre des tempons de charpie sur le vaisseau ouvert, les couvrir de quelques compresses, et appliquer sur la dernière de ces compresses la petite plaque orbiculaire; alors on entourera fortement le membre avec la courroie, que l'on accrochera par son extrémité libre aux crochets; et en tournant la vis, on comprimera l'appareil: l'extrémité de cette vis doit être rivée, de façon que la plaque orbiculaire ne tourne point avec elle; à cet effet, il faut que la vis soit percée dans toute sa longueur, et traversée par une cheville dont la plaque orbiculaire soit la base, et sur cette cheville la vis tourne sans fin.

Le tourniquet de d'Ahl, pour comprimer l'artère axillaire au-dessous de l'extrémité humérale de la clavicule, n'est point en usage; en général de nos jours, les chirurgiens les plus célèbres se servent rarement de ces instrumens; pendant l'amputation d'un membre, ils font comprimer, à l'aide du doigt ou d'une pelotte convexe, l'artère fémorale pour l'extrémité inférieure, et l'artère axillaire pour l'extrémité supérieure.

Le compresseur de M. Dupuytren représente à peu près les deux tiers d'un cercle. Il est formé d'une lame d'acier, large de deux doigts, épaisse de trois à quatre millimètres, et courbée sur son plat. A l'une de ses extrémités, et du côté de la face concave, est fixée la pelotte qui doit prendre le point d'appui : elle est large d'environ trois doigts, longue de quatre, et concave, pour s'adapter à la convexité des membres ; l'autre extrémité est traversée par la vis, et donne naissance aux deux tiges de fer qui supportent et qui dirigent la pelotte mobile destinée à comprimer le vaisseau. Cette pelotte est allongée et presque cylindrique; elle est, ainsi que la première, montée sur une lame de cuivre, comme le sont celles du tourniquet de Petit. On peut, à l'aide d'un mécanisme très-simple, augmenter ou diminuer la longueur et la courbure de l'instrument. Au lieu d'être formé d'une seule pièce, la lame se sépare vers son milieu en deux moitiés, dont les extrémités s'engagent en sens inverse dans un coulant d'acier, où on les fait avancer plus ou moins l'une sur l'autre. Une vis de pression, placée sur le coulant, fixe les deux pièces dans la position que l'on a adoptée. La lame, près de ses extrémités, est brisée par une charnière, au moyen de laquelle chaque pelotte peut prendre et garder tous les degrés d'inclinaison nécessaires. Un ressort placé sur la convexité, derrière la charnière, est disposé de manière à permettre tous les mouvemens de flexion pour lesquels les pelottes tendent à se rapprocher du centre, et il oppose en arc-boutant une de ses extrémités dans des engrénures placées du même côté, à tous ceux par lesquels la courbure tend à se relever.

Cet instrument remplace très-bien les doigts d'un aide exercé, et n'a aucun des inconvéniens du garrot.

Des Couteaux à Amputation.

Pour couper la peau et les muscles on se sert de couteaux de différentes formes et dimensions.

Le couteau pour l'amputation à lambeaux a varié de forme. Les chirurgiens Verduin d'Amsterdam, et Savourin de Genève se servaient d'un couteau médiocrement courbe. On se servit ensuite du couteau droit : il n'a qu'un tranchant à sa partie droite, et est un peu courbé sur le dos vers la pointe. Il est semblable au couteau à gaîne, et est emmanché de même; mais son tranchant est semblable à celui du bistouri. Garengeot en a fait fabriquer un autre, dont la lame est toute droite. Elle a cinq pouces huit ou dix lignes de long sur huit lignes de large dans son milieu. Elle n'a point de dos, et est à deux tranchans. Ses surfaces ne sont point planes ; mais il règne de chaque côté une vive-arête qui du talon va se terminer à la pointe. Ces vives-arêtes se terminent en biseaux, ce qui donne beaucoup de force à cette lame, et rend les tranchans très-forts. Cette lame se termine par une pointe fort allongée et très-aiguë. La scie est formée d'une tige d'acier qui a deux pouces et demie de long, elle est exactement carrée, pour tenir dans le manche avec plus de fermeté. Le manche est d'ébène, taillé à pans, long de quatre pouces, sur neuf ou dix lignes de diamètre. Cette lame doit être trempée fort dure.

Un praticien allemand a jugé que l'on pourrait couper les chairs et scier l'os avec le même instrument. Il a fait faire à cet effet un couteau dont la lame a douze pouces de longueur, sur un de largeur. Le dos de cette lame présente une rangée de dents de scie dans une longueur de huit pouces. Le reste de la lame offre deux tranchans.

Les couteaux à amputation servent à couper les chairs qui entourent les os, afin que la scie ne trouve rien qui l'empêche de faire son chemin. Ils sont rangés en deux classes : les couteaux à un seul tranchant et ceux à deux tranchans; les premiers sont courbes ou droits. La lame du couteau courbe représente un demi-croissant ou un segment de cercle. La lame ne doit point excéder sept pouces sept lignes de long, sans y comprendre le contour, ou huit pouces cinq lignes en suivant la courbure. Sa plus grande largeur est de quinze lignes, allant doucement en diminuant, et se terminant par une pointe très-aiguë. La courbure doit être légère; le tranchant est sur la partie concave; et le dos est sur la convexité. Le tranchant doit être formé par deux biseaux venant de loin et très-adoucis; il doit être ni trop fin ni trop gros, et doit prêter de la résistance à la section des chairs, pour la rendre plus facile. Du milieu de la mître part une tige d'acier exactement carrée, de quatre à cinq pouces; le manche est ordinairement d'ébène, de quatre pouces huit lignes de long, sur treize lignes de diamètre à la tête; mais la partie antérieure ne doit pas excéder dix lignes, volume qui peut entièrement remplir la main. Sa figure doit être à huit pans, afin qu'il ne tourne pas dans la main de l'opérateur. Son extrémité doit se relever en bec, dont la pointe est tournée vers le dos, afin de servir de barrière aux doitgs. Toute la lame entière doit être de bon acier, et d'une trempe dure, afin de former un tranchant qui résiste et qui coupe bien. On emploie différens moyens pour forger ces lames, mais celui qui est préférable consiste à les forger en acier pur, en observant de les battre bien d'aplomp, de donner autant de coups de marteau sur le dos que sur le milieu de la lame et sur le tranchant, et de tenir toujours la pince droite.

Le couteau courbe maintenant n'est plus en usage; on a reconnu que sa partie recourbée ne coupe qu'en pressant. Les chirurgiens français préfèrent le couteau droit, parce qu'il offre le grand avantage de suffire seul pour tous les temps de l'opération où cet instrument est nécessaire; on peut en effet s'en servir pour inciser la peau, couper les muscles, le ligament osseux, etc., ce que l'on ne pouvait exécuter avec le couteau à lame recourbée. La lame du couteau droit doit être bien tranchante, et le biseau doit partir du dos et être habilement ménagé. Sa longueur varie suivant l'amputation; mais en général elle doit avoir la moitié en plus du diamètre du membre à opérer. Sa pointe ne doit pas être trop acérée. Le manche comme celui à lame recourbée, doit être à pans pour le même motif. Quelques praticiens, pour ne point multiplier les instrumens et pour faire l'amputation avec un seul couteau, ont fait donner un tranchant moins fin au quinze dernières lignes de la lame, vers le manche, afin qu'après avoir fait la section des parties molles avec le même couteau, ils pussent se servir du talon pour ratisser le périoste.

On fait aussi pour ces diverses lames droites, des manches à lames de rechange, dits manches à bascules ou à cabriolet. De la mître de la lame part une scie d'un pouce, entaillée d'un cran. Cette scie s'introduit dans le manche jusqu'à la mître, et y est retenue par une pompe.

Les bistouris qui accompagnent l'appareil pour l'amputation sont un peu plus grands que les bistouris ordinaires. Ils sont convexes à ressort, et peuvent servir de couteau. Le tranchant est sur la partie convexe.

Le bistouri employé pour l'amputation du sein est à ressort. Sa lame est tronquée, a un seul tranchant, s'étendant jusqu'à l'extrémité tronquée.

Le couteau inter-osseux est destiné à couper les vaisseaux, les ligamens inter-osseux, les membranes et les chairs qui occupent l'intervalle des os. Il doit offrir une lame étroite, avec une pointe acérée, devant agir en piquant et en coupant. Sa lame doit être droite. Sa longueur est de quatre à huit pouces. Elle a deux tranchans séparés par une vive-arête jusqu'aux deux tiers de la lame, où il se trouve sur l'un des deux tranchans, un dos qui sert à appuyer le doigt, pour conduire l'instrument. A cet endroit la lame ne doit pas avoir plus de quatre lignes, et aller toujours en diminuant jusqu'à la pointe. Le manche doit être taillé à pans, avoir trois pouces quatre lignes de long, sur six lignes de diamètre.

Le couteau désarticulateur est de l'invention de M. le baron Larrey, qui s'en sert de préférence pour l'amputation du bras dans l'article, d'après le procédé dont il est l'auteur. La lame est droite, et n'a que trois pouces et demi de longueur, afin qu'il soit plus aisé à manier, et qu'il pénètre plus facilement dans l'intérieur des articulations.

De la Scie à Amputation.

La scie chirurgicale sert à diviser les parties osseuses. Il en est de plusieurs espèces : nous parlerons d'abord de celle en usage pour scier les os, dans l'amputation d'un membre. Cet instrument est de l'espèce des scies dites *à débiter;* elle est composée de trois parties : l'arbre, le manche et le feuillet. L'arbre est d'acier, rond ou à pans, avec une pomme au milieu, de deux tiers plus forte que le restant de l'arbre. Non seulement elle donne plus de grâce à la pièce, mais encore elle lui donne plus de force et d'élasticité. Cette pièce doit avoir onze pouces et quelques lignes de long; les extrémités sont coudées pour donner naissance à deux branches de différente structure; la branche antérieure a environ quatre pouces huit lignes de long; elle s'avance en avant, de manière que son extrémité s'éloigne d'un pouce huit lignes de la perpendiculaire qu'on tirerait du coude de l'arbre sur le feuillet; elle représente deux segmens de cercle réunis ensemble, en formant un angle aigu, dont la pointe est en dehors, lorsque la convexité regarde le dedans de la scie. L'extrémité de cette branche est fendue pour loger le feuillet. La branche postérieure a un pouce de moins que l'autre; elle forme deux segmens de cercle; à leur réunion se trouve la mître, d'où sort une scie de quatre pouces de long, qui passe dans toute la longueur du manche. Ce manche est semblable à celui du couteau à amputation ; sa position doit être telle, qu'en tirant une ligne droite de son extrémité, elle doit joindre le haut du feuillet. Le bec recourbé doit être du côté des dents du feuillet. Ce feuillet doit avoir un pied de long, sur treize ou quatorze lignes de large ; son épaisseur doit être d'une ligne du côté des dents. Mais le dos ne doit pas avoir plus d'un quart de ligne. Les dents doivent être faites sur le côté le plus épais du feuillet, à la lime, et tournées de manière qu'elles paraissent se jeter alternativement en dehors, et former deux lignes parallèles, ce qui donne beaucoup plus de voie à l'instrument. Ces dents, faites avec une lime triangulaire, présentent plus de largeur, et par conséquent plus de force que celles qui sont pointues, elles sont moins susceptibles d'être émoussées ou égrainées. Quelques praticiens veulent que les dents d'une scie soient pointues en grain d'orge, et que la longueur de la dent soit en tranchant ; cela s'exécute en plaçant la barre obliquement et en sens contraire à chaque dent, de sorte que les dents étant faites, l'une se trouve large d'un côté, et étroite de l'autre. La hauteur des dents doit être d'une ligne un quart ; plus grandes elles seraient sujettes à faire éclater les bords de l'os, plus petites, elles s'empâtent et prolongent l'opération.

Le feuillet est un morceau d'acier fondu, battu à froid, quand il est presque entièrement construit, afin qu'en resserrant par cette pratique les pores de l'acier, il devienne plus élastique. La trempe doit être par paquets et bien recuite, afin quelle soit plus douce, et que la lime puisse mordre dessus.

Les extrémités du feuillet sont percées pour l'assujettir sur l'arbre. L'extrémité antérieure est placée dans la fente du second segment du cercle de la branche antérieure, et assujettie par une vis qui la traverse; l'autre extrémité du feuillet est plus artistement arrêtée sur la branche postérieure; elle y est tenue par une avance plate et fendue; le feuillet se loge dans cette fente, et y est fixé par une petite vis; l'autre côté de cette avance plate, est rond, et forme comme la mître du feuillet; de cette mître part une soie carrée proportionnée au trou de la branche postérieure; cette tige n'a que quatre lignes, et se termine ensuite par une vis d'un pouce de longueur; un écrou garni de deux ailes de neuf lignes de longueur, marche sur cette vis, et sert à tendre ou détendre le feuillet de la scie sur son arbre.

La perfection d'une scie est d'une grande importance, et les bons praticiens mettent ordinairement le prix à un feuillet bien travaillé; voici ce que l'on exige : 1° la juste épaisseur d'un bout à l'autre, 2° que toute la lame soit parfaitement polie, 3° enfin que toutes les dents soient parfaitement égales en hauteur, ce point est très-important. Une scie doit toujours avoir un feuillet de rechange, car celui dont on se sert peut casser, comme cela est arrivé à Fabrice de Hilden (1), qui fut obligé de suspendre son opération jusqu'à ce qu'on lui en eut été chercher une autre.

On se sert encore d'autres scies; Bell se sert, pour scier l'os, d'un simple feuillet de scie, monté sur un manche court, qu'il assujettit en passant un de ses doigts à travers un trou qui y

---

(1) Fabrice (Guillaume), né à Hilden, aux environs de Cologne, en 1560, mort en 1634, eut le surnom du lieu de sa naissance, pour le distinguer de Fabrice d'Aquapendente. La ville de Berne lui accorda en 1614, les titres de citoyen et de médecin pensionné. Le roi de France, Louis XIII, le nomma médecin de ses ambassadeurs en Suisse. Il possédait le génie de la chirurgie; il est regardé comme le restaurateur de cette science en Allemagne ; il fit pour ses compatriotes ce qu'Ambroise Paré avait fait pour la France. La science lui doit de bons ouvrages, et l'humanité des recherches philanthropiques sur l'odieux supplice de la torture. On lui reproche d'avoir trop aimé les instrumens et les machines, et d'en avoir inutilement augmenté le nombre.

est pratiqué. Il y en a de petites sans arbre, dont les lames, très-solides, sont convexes et montées sur un manche; on s'en sert pour scier des pointes osseuses, et diviser les os du métacarpe, du métatarse et des phalanges.

La scie ronde ou circulaire fait partie de l'instrument connu sous le nom de trépan. (*Voyez ce mot.*)

La scie pour les côtes sert pour les ouvertures cadavériques. (*Voyez Dissections.*)

De la Tenaille incisive.

On se sert de cet instrument pour couper des esquilles ou des cartilages. Il y a différentes espèces de tenailles : les chirurgiens de nos jours s'en servent rarement; ils n'employent cet instrument que pour enlever la portion osseuse qui reste quelquefois après la section incomplète de l'os, lors d'une amputation. Cet instrument a sept pouces et demi environ de longueur; il forme une espèce de pincette dont les branches sont jointes à jonction passée; l'extrémité antérieure de chaque branche est un demi-croissant un peu allongé, plus épais près de sa jonction, mais qui va en diminuant d'épaisseur pour augmenter en largeur, et se termine par un tranchant qui a un pouce quatre lignes d'étendue. Les extrémités postérieures des branches ont cinq pouces près de leur jonction, sur cinq lignes et demie de large ; leur surface extérieure est plane près de leur jonction, et elle devient plus large et arrondie vers leur extrémité. Elles étaient autrefois naturellement écartées l'une de l'autre par un ressort de deux pouces sept lignes de long, dont la base était attachée sur la branche femelle par un clou rivé. Ce ressort a été supprimé par nos meilleurs praticiens. Pour peu qu'il y ait de résistance dans les parties que l'on veut couper avec ces tenailles ; on éprouve beaucoup de difficulté, parce que les deux tranchans s'affrontent et s'appliquent perpendiculairement l'un sur l'autre : cet inconvénient a engagé plusieurs praticiens à se servir de préférence *des cisoires* (*Voyez ce mot.*) Les tenailles incisives doivent être faites d'acier pur. On doit considérer dans cette pièce : 1° si les tranchans joignent bien exactement ; 2° s'ils sont bien affilés et d'une bonne trempe. On s'en assure en essayant s'ils coupent bien les ongles avec douceur et netteté ; 3° enfin si la pièce joue bien.

De la Tenaille incisive droite.

Cette tenaille, comme la précédente, est composée de deux branches unies ensemble par jonction passée ; mais la tige diffère beaucoup de la première : elle est beaucoup plus petite ; les surfaces extérieures de l'endroit où les branches s'unissent sont planes, les extrémités antérieures sont composées de deux tranchans de dix lignes et demie de longueur, concaves en dedans, convexes au dehors, coupés en talus depuis la jonction passée jusqu'à la pointe; elles se joignent par un biseau qui fait le tranchant. La longueur de cet instrument n'excède pas quatre pouces.

On se sert de cet instrument pour ouvrir les abcès, les panaris et les amas de sang qui se forment quelquefois sous les ongles. Les praticiens l'emploient pour emporter les petits cartilages, les petites esquilles d'os, et principalement les inégalités qui se trouvent quelquefois après le trépan, ou bien les pointes qui peuvent percer la dure mère. Elle est aussi d'un usage journalier dans le monde : on s'en sert pour couper les ongles et les envies. Dans cet instrument on exige que le ressort ait de l'élasticité, que les deux taillans mordent bien l'un sur l'autre, et que la pièce soit d'un beau poli.

Des Cisoires.

Cette espèce de ciseaux que les ouvriers appellent cisoires, et qui leur sert à couper le fer, remplace avantageusement, en chirurgie, la tenaille incisive. Cet instrument est composé de deux branches unies par jonction-entablure. Les lames, ou extrémités antérieures, sont planes intérieurement, et elles ont un vive-arête le long de leur surface extérieure; le tranchant est formé par un biseau presque horizontal. Pour donner plus de force à l'instrument, on laisse deux lignes de diamètre à ce biseau. Chaque lame a la figure d'une moitié de cœur, elle n'a qu'un pouce et demi de tranchant et huit lignes de diamètre à leur base. Les branches ont quatre pouces et demi de longueur, et tout l'instrument ne dépasse pas sept pouces.

En chirurgie, l'usage des cisoires consiste à couper les esquilles, ceux des côtes, et les côtes elles-mêmes lorsque l'opération l'exige. Cet instrument coupe beaucoup mieux que les tenailles incisives, et il est à préférer dans presque toutes les rencontres. Il a beaucoup de force, parce que la puissance est éloignée du point d'appui, et que la résistance est proche. On exige dans cet instrument les mêmes qualités que dans la tenaille incisive. (*Voyez ce mot.*)

Des Pinces à Dissection.

Pour la ligature des vaisseaux, à la suite d'une amputation, on se sert de pinces anatomiques ou à dissection. Pour la description de cet instrument, voyez au mot *Dissection*. On exige dans ces pinces que les branches ne soient pas trop fortes, qu'elles ne soient ni trop mousses ni trop pointues, et que les branches s'engrènent parfaitement quand on les rapproche l'une de l'autre. Les Anglais, depuis Bromfield, ont remplacé la pince à disséquer par le tenaculum de Bell; c'est une espèce de crochet un peu long, très-recourbé, monté sur un manche, avec lequel ils traversent les parois de l'artère.

Du Valet à Patin.

On se servait autrefois du valet à Patin. Il est composé de deux branches semblables, unies, à charnière, et garnies d'un ressort qui tient l'instrument toujours fermé. L'intérieur des branches est dentelé, et les dents s'ajustent les unes dans les autres pour tenir un vaisseau pendant qu'on en fait la ligature. On lui a donné le nom de *valet*, parce qu'il sert de lui-même comme de serviteur; à *Patin*, nom de celui à qui on en attribue l'invention. Garengeot n'est pas de cet avis; voici comme il s'en explique : « Le maître qu'on
« lui a donné ne l'a jamais inventé; ç'a au con-
« traire été un maître chirurgien de Paris qui
« rampait beaucoup sous cet auteur, preuve con-
« vaincante de son mince mérite. »

Aujourd'hui cet instrument est entièrement tombé en désuétude. Paré se servait de la pince nommée bec-à-corbin, pour saisir l'artère, et y placer le lien.

Des Aiguilles courbes.

La ligature des vaisseaux se fait d'une manière médiate ou immédiate. En opérant suivant la première, on se sert d'une aiguille courbe pour porter à travers les parties qui environnent l'artère les fils destinés à l'étreindre. Ces aiguilles sont demi-circulaires ; elles présentent sur les deux côtés deux tranchans qui s'étendent sur un cinquième de leur longueur ; ils sont terminés par des angles arrondis jusqu'au talon, qui est percé d'un trou carré pour l'introduction des fils. Au-dessus de ce trou est pratiquée une gouttière plane pour loger les fils. L'autre extrémité est pointue. Quelques praticiens veulent que cette pointe ait la forme d'un fer de lance. On recherche dans ces aiguilles que la pointe soit acérée et forte, que leur courbure forme bien le demi-cercle, que le talon soit percé de manière à ne pas couper les fils, et que les gouttières soient bien ménagées pour les loger et en diminuer l'épaisseur.

RESCISION DES AMIGDALES.

On a employé pour cette opération divers *speculum oris*, le glassocatoche, le pharyngotome, des pinces, etc. Ces instrumens ont été remplacés par le bistouri, les pinces de Museux et une spatule. Caqué de Reims employait pour cette opération un couteau dont la lame, longue de onze centimètres, était courbée sur sa longueur. Elle était mousse et dépourvue de tranchans à deux millimètres de son extrémité; cette lame formait avec son manche un angle de soixante degrés; son érigne était simple. Museux, son confrère, a fait construire des pinces à double érigne; les branches sont courbes, et ont seize centimètres. Cette pince porte le nom de son auteur.

Les divers speculum oris n'étant plus en usage, il serait superflu d'en donner la description. Il en est de même du glassocatoche, qui est remplacé par des instrumens d'un emploi plus journalier. On se sert ordinairement d'une spatule pour tenir la langue abaissée.

Le pharyngotome a été aussi proposé pour cette opération : nous en avons donné la description au mot *ponction*.

M. Dupuytren emploie une pince de Museux,

AMPUTATION.

Explication de la Planche.

Fig. 1. Une scie ordinaire.
    2. Une Scie à phalanges.
    3. Le Tourniquet de J.-L. Petit.
    4. Une Pince à coulisse pour saisir les artères.
    5. Tenaculum de Bell.
    6. Couteau ordinaire.
    7. Couteau inter-osseux.

Pag. 48.

un bistouri droit, boutonné, garni d'une bandelette de linge jusqu'à deux pouces de son extrémité, et une spatule pour tenir la langue abaissée.

ANÉVRISME.

L'opération de l'anévrisme par la méthode d'Anel (1), est aujourd'hui la seule que l'on exécute; on emploie un bistori convexe, et un autre droit et boutonné, des pinces à ligature, des ciseaux, une sonde cannelée flexible, des stylets aiguillés, et des aiguilles. (*Pour la description de ces divers instrumens consultez la table.*)

On a imaginé divers appareils pour comprimer les vaisseaux, on a employé avec succès un appareil composé d'un ressort d'acier et de deux pelottes, dont l'une doit prendre son point d'appui en arrière, et l'autre comprimer la tumeur

---

(1) Anel (Dominique), chirurgien militaire, passa une grande partie de sa vie en Piémont. On ignore le lieu et la date de sa naissance et de sa mort. Son nom occupe une place distinguée dans l'histoire des procédés opératoires, relatifs à la fistule lacrymale; mais il est encore plus célèbre pour avoir proposé, le premier, d'opérer les anévrismes d'après la méthode trop long-temps attribuée à Hunter.

en avant : on en a fait usage dans un cas d'anévrisme de l'artère axillaire.

M. Verdier, chirurgien herniaire, a construit, sous les yeux de M. Dupuytren, une machine qui a parfaitement comprimé la partie inférieure de l'iliaque externe, et qui, par son effet, a rendu l'opération inutile ; la base de cet appareil se compose d'un ressort élastique qui embrasse les onze douzièmes de la circonférence du bassin. Sa partie antérieure, abaissée au niveau de l'aine, donne attache à une autre pièce, contournée d'avant en arrière, et de haut en bas, qui supporte la pelotte de compression. Cette pelotte peut être poussée en avant, ou rappelée par un filet de vis de deux pouces de longueur, qui permet de l'enfoncer avec plus ou moins de force jusque sur l'artère.

Les aiguilles dont on se sert pour la ligature de l'artère sont demi-circulaires, aplaties de leur concavité a leur convexité, tranchantes vers leur pointe, et percées, vers la tête, d'une ouverture quadrangulaire en forme de mortaise. On emploie aussi l'aiguille à manche de Deschamps. (*Voyez Aiguille.*) (1).

---

(1) Deschamps (Joseph-François-Louis), était chirurgien en chef de l'hôpital de la Charité, membre de l'Institut depuis 1811, mort en 1824. On lui doit des obser-

M. Duret, ancien chirurgien-major, a proposé des pinces pour serrer l'artère : elles sont plates, et un ressort maintient les branches rapprochées.

M. Percy a imaginé des pinces dont les branches sont rapprochées par un bouton à deux têtes, glissant dans une fente longitudinale, pratiquée le long de chaque branche. Ces branches sont terminées par deux plaques mobiles et roulantes sur un pivot, afin que l'instrument puisse être renversé sur l'un ou l'autre côté de la plaie. On peut augmenter la compression en descendant chaque jour le petit bouton à deux têtes.

ANUS CONTRE NATURE.

M. Dupuytren employait pour cette opération une pince dont nous allons donner la description : elle était composée de deux branches en acier, unies comme celles du forceps, afin que l'on pût les introduire l'une après l'autre ; à partir de l'entablement, elles avaient quatre pouces de longueur ; une des branches, dans cette partie, était évidée, et présentait deux bords festonnés

---

vations intéressantes sur la ligature des artères des membres, des expériences sur la trachéotomie, et plusieurs autres perfections à divers procédés opératoires.

par des dents rondes et à bords mousses; l'autre branche ne présentait qu'un bord également festonné, et entrait dans l'ouverture que présentait l'autre branche. A l'autre partie de ces branches se trouvait une vis de rappel, qui, entrant dans un anneau longitudinal d'une des branches, et se fixant sur un pas de vis pratiqué à l'autre, rappelait graduellement ces branches l'une sur l'autre. Cette pince, telle qu'elle est décrite, ne pressait que dans un seul point, comme les ciseaux. M. Dupuytren les corrigea, et les remplaça par celle que nous allons décrire, et à laquelle il donna le nom d'entérotome. Cet instrument est composé de deux tiges d'acier droites, longues de sept pouces; l'une des deux tiges est évidée dans la longueur de quatre pouces, et présente deux bords festonnés par des dents rondes et à bords mousses; où finissent ces dents, et à l'extrémité de la tige, se trouvent deux tiges d'acier plates, longues de trois pouces, destinées à entrer dans des entablemens pratiqués à l'autre branche : cette dernière ne présente qu'un bord dentelé, destiné à entrer dans l'ouverture de la précédente. Deux entablemens doivent recevoir les tiges dont nous avons fait mention, et une vis de rappel, placée entre ces entablemens, réunit les deux branches; de cette manière l'entérotome exerce une pression uniforme dans toute la longueur de ses branches, et non pas dans un seul point, comme dans la pince précédemment décrite.

Pour obtenir la fermeture de l'orifice fistuleux, on fait usage de deux pelottes compressives, longues de trois pouces : elles portent chacune à leur milieu une plaque d'acier large d'un pouce et demi ; l'une d'elles porte deux tiges d'acier qui entrent dans deux trous pratiqués à la plaque de l'autre pelotte ; une vis de rappel, placée au milieu de ces plaques, rapproche les pelottes, et exerce une compression graduée. Des pitons placés à l'extérieur de ces pelottes, servent à assujettir les courroies nécessaires pour maintenir cet appareil sur l'orifice fistuleux.

Dans les anus contre nature incurables, on fait usage de divers appareils pour recevoir les matières ; le plus simple consiste dans un brayer ordinaire, qui, au lieu de pelotte, supporte une plaque d'ivoire percée à son centre d'une ouverture qui doit correspondre à celle de la fistule. Un tube de gomme élastique, garni d'une soupape qui s'ouvre par en bas, et que la plus légère pression peut abaisser, conduit de cette plaque à un réservoir d'argent vissé sur l'extrémité inférieure de ce tube. Cet appareil peut être fixé par une ceinture élastique. Si la plaque d'ivoire est trop dure pour quelques sujets, elle peut être remplacée par une plaque d'argent ou d'acier également percée à son centre mais garnie à sa circonférence d'un bourrelet de crin recouvert de taffetas ciré. On doit avoir deux appareils semblables, afin de pouvoir porter l'un pendant que l'on fait exécuter à l'autre les réparations urgentes que réclament fréquemment ces sortes d'objets.

ASPHYXIE.

Ce fut en 1772 que l'établissement des boîtes-entrepôts commença à être en pleine vigueur à Paris. On comptait, en 1790, près de cent trente villes, bourgs et villages, en France, qui avaient des boîtes-entrepôts pour les noyés et autres asphyxiés, dont plusieurs, telle que la ville de Lyon, en avaient jusqu'à seize, et l'illustre échevin de Paris, Pia, en avait déjà délivré deux cent vingt-trois en 1782. La machine fumigatoire était la principale pièce de ces boîtes.

M. Desgranges a recommandé, pour souffler dans la bouche, un tube qu'il nomme laryngien, d'une forme conique, légèrement aplati de champ, terminé, à son extrémité qui répond à la bouche, par une ouverture évasée, et par l'autre extrémité, par une ouverture oblongue, répondant à la direction de l'ouverture de la glotte. Depuis long-temps M. le professeur Chaussier avait imaginé un tube laryngien pour les enfans qui

ANUS CONTRE NATURE.

Explication de la Planche.

Fig. 1. Enterotome de M. le profess. Dupuytren.
 2. Enterotome corrigé par le même auteur.
 3. Pelottes compressives.

Pag. 54.

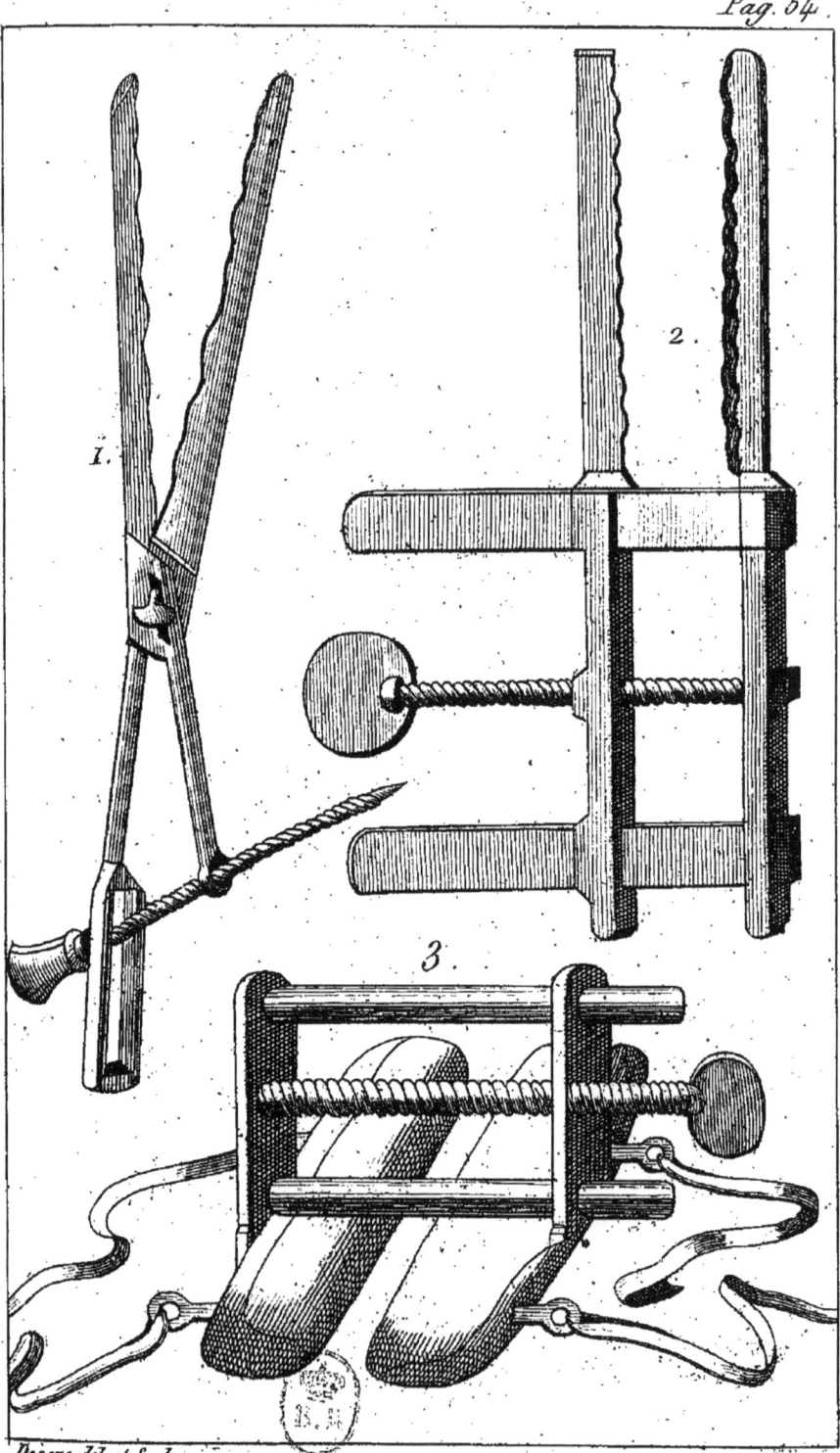

Deseve del et Sculp.

naissent asphyxiés; ce tube est usité par les sage-femmes de la Maison d'Accouchement de Paris. M. Orfila propose un tube conique de sept à huit pouces de long, ayant son extrémité antérieure plus large, la postérieure plus petite, un peu aplatie de champ, pour s'adapter à la forme du larynx, percée de deux trous allongés, avec une courbure arrondie, vers laquelle est fixée une lame de peau de buffle. Ce tube est absolument le même que celui du professeur Chaussier.

Desault proposait l'introduction des sondes de gomme élastique dans les narines. Cette sonde doit être flexible, d'un diamètre égal à celui des plus grosses de l'urètre, d'une longueur proportionnée, et armée d'un stylet recourbé comme celui des algalies ordinaires.

M. Chaussier fils a encore proposé un tube composé de disques, de zinc et d'argent, qu'il nomme *Tube laryngien galvanique*, pour exciter l'action galvanique au moyen d'une cuillère d'argent.

M. Gorcy, médecin à Neuf-Brisack, fit construire un soufflet qu'il nomma *apodophique*, composé de deux corps de soufflets joints ensemble, munis d'ouvertures et de soupapes tellement disposées, que par le bec de l'un des soufflets, on porte l'air nouveau dans les poumons, en même temps que, par l'action de l'autre soufflet, on soutire tout-à-la-fois l'air méphitique, l'eau écumeuse et l'air qu'on a injecté.

M. Courtois, chirurgien à Tournay, imagina un autre appareil plus compliqué, composé de deux cylindres adossés, renfermant chacun un piston, l'un et l'autre terminés par un petit cylindre, qui tous deux se réunissent en un tube commun, que l'on introduit dans la place faite par la bronchotomie, préliminaire que l'auteur a jugé indispensable à la manœuvre de son instrument ; les deux pistons sont mus par une manivelle commune, et ils sont combinés de manière que lorsqu'ils agissent, l'un injecte l'air nouveau, et l'autre débarrasse la trachée de l'air ancien, ainsi que du fluide mousseux qui peut s'y rencontrer.

M. Desgranges avait pareillement proposé une sorte de seringue aspirante, qu'il appelle *pyoulque*, destinée à soutirer, par la succion, les mucosités aqueuses.

En 1807, la faculté de Strasbourg a adopté un instrument composé de trois pièces, savoir : d'un piston, d'un robinet et d'un corps, lequel sert à volonté de pompe foulante et aspirante. Cet instrument se trouve dans les boîtes-entrepôts de cette ville.

Collemann a aussi proposé un soufflet à deux cavités, par l'une desquelles on fait pénétrer l'air tandis que par l'autre on pompe les sérosités et les glaires.

M. Chaussier fils conseille l'usage d'un instrument qu'il nomme *respirateur artificiel;* c'est une sorte de soufflet qui agit comme une pompe foulante et aspirante.

La plupart des instrumens dont nous venons de parler ne sont pas en usage; une boîte-entrepôt contient :

Une paire de ciseaux.
Un bonnet de laine.
Une chemise de laine à cordons.
Des frottoirs de flanelle.
Des bandes et compresses pour la saignée.
Un *speculum oris:*
Des cuillères pour administrer les liquides.
Un gobelet de métal à bec.
Une canule à bouche, avec son tuyau de cuir.
Un entonnoir.
Un petit miroir.
Une plume destinée à chatouiller le gosier et les fosses nasales.
Un paquet d'émétique.
Un flacon de vinaigre des quatre voleurs.
Un flacon d'ammoniaque.
Un flacon d'huile d'amandes douces camphrée.
Un flacon d'eau de Cologne.
Un flacon d'eau-de-vie camphrée.
Un flacon d'eau-de-vie camphrée ammoniacée

Une boîte à briquet, garnie de ses ustensiles.
Une seringue ordinaire.
Une canule de gomme élastique.
Un appareil fumigatoire avec ses diverses pièces.
Des rouleaux de tabac.
Deux vessies garnies.
Des nouets de camphre et de souffre.
Et de la charpie mollette.

M. Fodéré donne ainsi l'état de ce qui doit composer un appareil anti-asphyxique :

Deux brancards sanglés pour le transport des malades.

Deux couvertures en laine.

Une boîte contenant deux bonnets, six frottoirs en laine, plusieurs morceaux de flanelle, six serviettes pour essuyer, et deux brosses fines.

Un grand tambour de lingère, pour faire chauffer les frottoirs et les morceaux de flanelle, lequel pourra servir de boîte.

Un briquet, des pierres à fusil, de l'amadou, des allumettes, plusieurs mèches ou rouleaux de papier tortillé, ou bien un briquet phosphorique garni.

Une lampe à esprit-de-vin, pour le cas où l'on manquerait de bois, et une bouteille d'esprit-de-vin.

Un soufflet à double vent, pour souffler dans les poumons, dont le canon réponde à l'embouchure de la canule à bouche, soit tube laryngien, et à l'évasement de l'extrémité externe des sondes de gomme élastique.

Deux canules, ou tubes laryngiens en buis, coniques, de huit pouces de long, ouverts aux deux extrémités, un peu recourbés par leur bout le plus mince, dont l'un un peu évasé à sa grosse extrémité, pour s'adapter au soufflet, et l'autre avec cette extrémité arrondie, pour souffler avec la bouche.

Deux sondes de gomme élastique, de dix pouces de long, ou algalies avec leur stylet.

La machine fumigatoire de Pia, avec son soufflet à double vent et deux tuyaux de cuir à sa mesure, terminés chacun par une canule.

Une livre de bon tabac à fumer.

Une seringue à lavement avec sa canule renfermée, un morceau de savon et une poignée de chanvre.

Une livre de séné, et autant de sel de cuisine.

Une petite seringue à injection.

Deux cuvettes de diverses grandeurs, terminées par un bouton.

Deux fils de laiton ayant un anneau à une extrémité, et un léger bouton à l'autre.

Plusieurs plumes à longue barbe.

Une boîte de poudre sternutatoire (marjolaine ʒvj; ellébore noir ʒij) avec un soufflet à spirale pour les administrer.

Un flacon d'ammoniaque liquide, un autre de vinaigre radical, et un troisième d'eau dite des carmes, du *codex*.

Une bouteille d'eau-de-vie camphrée, animée (bonne eau-de-vie, une livre; camphre, ℨij; ammoniaque caustique, ℨß).

Une bouteille de vin vieux de Bordeaux.

Une cuillère de fer étamé, présentant un lévier à l'autre extrémité; un plat et une tasse de la même matière.

Des morceaux de liége taillés en manière de coin, de différentes grandeurs et épaisseurs.

Une boîte de paquets d'émétique, de trois grains chaque, *pour les secours extraordinaires*.

Un soufflet apodopnique.

Une petite canule d'argent à deux anneaux, pour la bronchotomie.

Quatre ventouses en verre.

Un bouton de feu, ou cautère actuel.

Quatre bandes à saignée, autant de compresses, de la filasse et des étoupes en suffisante quantité.

De plus deux avis imprimés sur la manière d'user des secours, avec un tableau d'ordre et de direction des secouristes, et, dans chaque lieu des dépôts, deux paillasses piquées, avec leurs coussins aussi piqués, placées sur des tréteaux; deux chandeliers, une livre de chandelle, une table, et un seau pour puiser de l'eau.

Il conviendra d'avoir un coffre divisé en compartimens, capable de renfermer tous les objets qui servent aux secours, et en même temps un petit chariot très-mobile, pour transporter avec rapidité ce coffre partout où il sera besoin.

M. Fodéré émet le vœu qu'on puisse trouver dans toutes les communes cet appareil toujours tenu au complet et en bon état.

DU BEC DE LIÈVRE.

Les instrumens nécessaires à cette opération sont : un bistouri, des ciseaux, des aiguilles ou des épingles droites d'acier, d'or ou d'argent.

Du Bistouri, des Ciseaux et des Aiguilles.

Il paraît probable que les Anciens employaient le bistouri pour l'excision ; nos praticiens emploient aujourd'hui le bistouri ou les ciseaux, suivant qu'ils le jugent convenable. On choisit un bistouri ordinaire très-aigu, et dont la lame n'est pas très-longue.

Scultet est un des premiers écrivains qui fasse mention des ciseaux : il substitua l'usage de cet instrument à celui du bistouri. On choisit des ciseaux droits coupant bien, surtout de la pointe; les lames ne doivent pas être trop longues.

Les ciseaux de M. Dubois ont cinq pouces de longueur. Les lames n'ont que deux pouces, et sont évidées. Les branches sont très-fortes, et portent trois lignes d'épaisseur. Plusieurs praticiens ont senti la nécessité d'employer ces ciseaux de préférence aux ciseaux ordinaires, qui peuvent se tordre ou se casser pendant l'opération.

Les aiguilles ou épingles sont en or, argent ou acier. (*Voyez au mot trousse.*)

Les agraffes de Valentin pour contenir les parties, consistaient en deux pinces que l'on serrait par un écrou. Cet instrument n'a été employé que par un ami de l'inventeur, il n'est pas en usage.

Marc-Aurèle Severin, qui employait le bistouri, faisait usage en même temps de pinces faites en bois, au moyen desquelles il assujettissait la lèvre. Un des mors de cette pince était large, et était destiné à supporter la portion de lèvre qu'on se proposait d'extirper. Lavauguion et Dionis (1) employaient aussi des pinces qui probablement étaient en acier ; depuis Garengeot elle ne sont plus en usage.

---

(1) Dionis (Pierre), né à Paris et mort en 1718, était chirurgien de la reine et des princes sous Louis XIV; il fut nommé, par ce monarque, professeur d'anatomie et de chirurgie au Jardin du Roi en 1673. Ses écrits sont très-méthodiques, et il y règne un ton de bonhomie plein

DE LA BRONCHOTOMIE.

Asclépiade (1) est le premier qui proposa cette opération. Selon Galien (2) on emploie pour la

---

d'intérêt qui rappelle la manière d'Ambroise Paré. Dans son cours d'opération de chirurgie, on trouve une relation naïve des délais que Louis XIV apportait, malgré son courage si souvent chanté par les poètes, à se soumettre à l'opération de la fistule anale.

(1) Asclépiade était de Prusa, ville de Bithynie. Il vint à Rome du temps du grand Pompée; il s'y fit un nom immortel en médecine; il possédait toutes les qualités nécessaires pour réussir : une éloquence entraînante, une rare aménité dans les manières, et une facilité extraordinaire à se plier au goût de ses malades. Au rapport de Pline, il était considéré à Rome comme un génie bienfaisant descendu du Ciel. Un des moyens qu'il employa pour établir sa réputation, fut de censurer tout ce qui avait été fait avant lui, même la méthode d'Hippocrate. Il est mort à-peu-près vers l'an 662 de Rome, âgé de soixante-douze ans. Cœlius-Aurelianus attribue l'opération de la laryngatomie à Asclépiade; mais ce célèbre médecin disait que les Anciens avaient pratiqué avant lui l'ouverture de la trachée-artère, ou du larynx.

(2) Galien (Claude), né à Pergame l'an 131 de l'ère vulgaire. On ignore l'époque de sa mort. Suidas le fait vivre 70 ans. Son nom, placé à côté d'Hippocrate, partage avec lui une célébrité à laquelle n'est parvenu aucun autre médecin de l'antiquité ni des temps modernes.

pratiquer un bistouri convexe, le bronchotome de Bauchot, une canule, et une pince pour extraire les corps étrangers, lorsque cette opération a été commandée par leur présence.

Du Bronchotome.

Nous avons donné la description de cet instrument à l'article *ponction*.

De la Canule.

Fabrice d'Aquapendente (1) est l'inventeur de cet instrument. Elle doit être droite et garnie à son extrémité de deux ailes pour l'empêcher d'entrer plus avant, et pour donner la facilité de l'attacher.

Casserius (2) veut qu'elle soit d'argent, plate, courbée, percée de plusieurs trous en tous sens, et fixée à la nuque par des rubans.

---

(1) Fabrice d'Aquapendente, ainsi nommé du lieu de sa naissance, naquit en 1537, et mourut à l'âge de 82 ans. Fabrizio (Jérôme), par ses travaux en chirurgie, mérite d'être placé à la tête des chirurgiens de son temps ; comme anatomiste, il se montre le digne successeur de Fallopio, à l'exemple de son illustre maître, il se servit de l'anatomie comparée pour expliquer les fonctions du corps humain.

(2) Casserio (Jules), surnommé Placentinus de Plaisance

La canule doit être d'une dimension telle qu'elle ne touche pas la paroi postérieure de la trachée-artère. Garengeot veut qu'elle ait vingt-sept millimètres. Georges Martine ne trouvait pas cette longueur suffisante. Les mucosités qui sortent des poumons pouvant boucher la canule, ce docteur avait imaginé d'introduire une seconde canule dans la première : elle pouvait être retirée et nettoyée. Ce procédé n'est pas en usage, et nos praticiens emploient rarement la canule.

Le trois-quarts inventé par Sanctorius, proposé par Dekers en 1675; rejeté par Platner et Van-Swiéten, n'est plus en usage pour cette opération.

DU CANCER.

On a employé divers instrumens pour extirper le cancer, les principaux sont : les pinces, les tenettes, le rasoir, le bistouri, les érignes doubles.

Des Pinces.

Les pinces helvétiennes, inventées par Helvétius (1), sont composées de deux branches sem-

---

lieu de sa naissance, entra au service de Fabrice d'Aquapendente, qui lui enseigna son art, et lui succéda à la chaire d'anatomie à Venise en 1609; mort en 1616.

(1) Helvétius (Jean-Adrien), né en Hollande vers l'an

blables, unies, à jonction passée, et ayant chacune un anneau; cette partie de la pince est semblable aux ciseaux; l'autre partie des branches est ronde et terminée en pointe; elle forme un demi-cercle; l'instrument étant fermé, ces branches offrent un cercle de trois pouces de diamètre; elles ne sont plus en usage.

Les pinces en moraillon se composent de deux branches semblables, ajustées à charnière, et terminées à l'autre extrémité par des anneaux. On embrassait la mamelle entre les branches. Ces pinces ont cinq pouces de long. Les carrés sont arrondis. Ces instrumens ne sont plus en usage.

Du Rasoir.

Cet instrument est semblable au rasoir ordinaire; la lame n'est pas évidée, afin que son tranchant soit plus fort; son extrémité est mousse et arrondie. Cet instrument est remplacé par le bistouri droit et à lame tronquée.

1661, fut vendeur d'orviétan à Paris; la fortune lui sourit. Louis XIV lui fit donner 24,000 francs pour son remède secret contre la dyssenterie; on sut alors que ce n'était que la racine d'ipécacuanha, que l'on connaissait déjà depuis 1672. Il mourut en 1727 comblé d'honneurs et de fortune. Son fils devint premier médecin du roi par quartier. Le célèbre auteur de *l'Esprit* était fils de ce dernier.

Des Érignes.

On emploie des érignes simples, et d'autres à doubles crochets : elles sont en acier, montées sur un manche; la tige d'acier, terminée par des crochets, est ronde, et doit avoir trois pouces de long, elle est montée sur un manche au moyen d'une soie qui la traverse. L'instrument en tout, doit avoir huit pouces de longueur. Le manche peut être en ébène; os ou ivoire; il est taillé à pans, et peut avoir six lignes de diamètre.

On se sert aussi d'une pince en acier, dont les extrémités sont terminées chacune par deux crochets.

DE LA CATARACTE.

On emploie, pour pratiquer cette opération, des aiguilles aplaties en fer de lance, droites, recourbées, etc. Le ceratotome, ou couteau de Wenzel, ou celui de Richter, le kistitome à curette de M. Boyer, une pince à lentille, des pinces à double érignes, un élévateur de paupière, des ciseaux droits, courbes sur le côté, ou à courbure oblique, un ophthalmostate ou speculum oculi.

Des Aiguilles.

La forme des aiguilles pour l'abaissement du cristallin dans l'opération de la cataracte a beaucoup varié. Les uns en ont employé de rondes, les autres de figurées en fer de lance et tranchantes sur les côtés, il y en a de larges et d'étroites. On emploie aujourd'hui des aiguilles dont l'extrémité aplatie en fer de lance, est droite ou recourbée, ou bien des aiguilles dont l'extrémité aplatie sur trois faces, comme le poinçon du trois-quarts, est légèrement renversée.

L'aiguille de Scarpa est recourbée légèrement vers son extrémité: elle est plane ou convexe sur le dos, et tranchante sur les côtés. Sa concavité est formée de deux plans obliques, réunis vers le milieu par une légère arête qui se prolonge jusqu'à sa pointe, qui est très-aiguë.

L'aiguille de Daviel (1) était large, en fer de lance, et supportée sur une tige de fer non trempée, qui permettait de la courber autant que l'exigeait la saillie de l'œil. La seconde aiguille du même praticien était plus longue, plus étroite, mousse, tranchante sur les côtés, et était montée comme la précédente.

---

(1) Daviel (Jacques), né à Barre, près d'Evreux en 1696, mort en 1762, eut le titre d'oculiste du roi.

Toutes ces aiguilles doivent être d'acier bien trempé : elles ont un peu plus d'un pouce et demi de longueur, et sont montées sur un manche à pans, afin qu'elles ne tournent pas entre les doigts. Une marque sur ce manche indique le côté de la courbure de l'aiguille. L'aiguille de M. Dupuytren est généralement préférée en France ; la lance en est aplatie, et légèrement recourbée à son extrémité; les deux bords, qui sont tranchans, se réunissent pour former une pointe très-acérée. Le volume de la tige doit être proportionné à celui de la lance, de manière à remplir exactement la plaie que celle-ci a faite.

Du Cératotome, ou Couteau de Wenzel.

Le cératotome était un petit couteau, dont la lame fixée sur un manche, ressemblait à celle d'une lancette à grain d'avoine; cette lame n'avait qu'un tranchant entier, et le second ne régnait que sur trois lignes vers la pointe. La longueur de cette lame était de dix-huit lignes, sur trois lignes de largeur à sa base. Le manche, taillé à pans, portait une marque pour indiquer le côté du dos. Cet instrument a été modifié par quelques praticiens modernes, la longueur de la lame a été réduite à quatorze lignes, et sa base à quatre lignes de largeur. Son épaisseur ne doit pas avoir plus d'une ligne dans le milieu. La lame débordant le manche, la marque est devenue inutile et a été supprimée. Le tranchant est convexe. On emploie le cératotome pour faire la section de la cornée transparente.

Couteau de Richter.

La lame de ce couteau, comme celle du précédent, est fixe sur son manche; sa forme est pyramidale, elle est tranchante dans toute la longueur de l'un de ses bords, émoussée dans les cinq sixièmes de l'autre. Une côte arrondie, qui règne tout le long du dos, donne beaucoup de force à sa pointe. Quelques praticiens ont proposé de placer cette côte arrondie plus éloigné du dos, qui, au lieu d'être plat ou arrondi, ne présenterait plus qu'un tranchant émoussé. Le tranchant de la lame est droit. Le couteau de Béranger était semblable au cératotome de Wenzel.

Le couteau de la Faye (1) avait un dos, un tranchant et une légère courbure sur le plat; il en fallait deux, un pour chaque œil.

---

(1) Faye (Georges de la), mort à Paris, sa patrie, en 1781, s'est acquis une réputation brillante par les ouvrages qu'il a publiés, et par son habileté à pratiquer les opérations les plus délicates.

Le couteau de Poyet était une lancette à grains d'orge, fixe sur son manche; à deux lignes de la pointe était un petit trou pour recevoir un fil.

Du Kistitome.

Cet instrument, de l'invention de la Faye, ressemble au pharyngotome ordinaire, et n'en diffère que parce qu'il est beaucoup plus petit; il est composé d'une lame et d'une gaîne qui la renferme, d'où elle peut sortir dans l'étendue de deux ou trois lignes, par le moyen d'un ressort caché dans le corps de l'instrument, et qu'on pousse à l'aide d'un petit bouton aplati. La gaîne porte deux anneaux pour passer les doigts index et medius de la main droite, pendant qu'on presse avec le pouce sur le bouton.

Le kistitome, auquel M. Petit-Radel a proposé de substituer le nom plus convenable de kibistitome, sert à ouvrir la capsule du cristallin.

M. Boyer a inventé pour inciser la capsule cristalloïde, un instrument assez semblable au déchaussoir du dentiste. Ce cistitome est fixe sur son manche, qui, à son extrémité, porte une curette propre à enlever la matière floconneuse qui peut provenir d'une partie du cristallin.

De la Pince à Lentille, et de celle à double Érigne.

Ces pinces sont semblables aux pinces à disséquer ordinaires, pour la forme ; mais sont beaucoup plus délicates, et diffèrent par leurs extrémités.

La pince à lentille de M. Maunoir est terminée par deux lentilles fenestrées. La pince à double érigne porte à chaque branche deux petits crochets très-délicats, qui doivent s'engrainer parfaitement lorsqu'on ferme la pince.

On emploie ces pinces pour extraire la capsule cristalline, lorsqu'elle est opaque; leurs extrémités doivent se joindre parfaitement, pour saisir avec facilité une membrane aussi mince.

De l'Ophthalmostate, du Speculum oculi.

Le speculum oculi est composé d'un anneau ovale de huit à dix lignes de diamètre, sur un pouce ou quatorze lignes de longueur; cet anneau s'ouvre par la moitié : chaque partie est supportée par une tige coudée de quatre pouces de longueur. Une de ces tiges glisse dans une coulisse pratiquée à l'autre, et donne le moyen d'augmenter l'ouverture de l'anneau. Cet instrument sert à contenir l'œil et à relever la paupière.

L'ophthalmostate de le Cat (1) est composé d'une tige portant une moitié d'ovale propre à relever la paupière. Le relève-paupière de Pellier n'est qu'une branche d'argent flexible, large de six lignes sur trois pouces de longueur, dont les extrémités sont coudées à angle, rentrant dans la longueur de six lignes, et chacune en sens inverse. Cet instrument est quelquefois fenestré dans toute sa longueur jusqu'à trois lignes de ses extrémités.

Le dard ou la pique de Pamard est une espèce de pique terminée par une tige, montée sur un manche. Cette tige est coudée pour s'accommoder à la racine du nez; cette pique a un épaulement à quelque distance de sa pointe, pour l'empêcher de pénétrer trop avant. L'usage de cet instrument est d'empêcher l'œil de se porter du côté de l'angle interne de l'orbite, pendant que l'on opère. M. Demours fils a imaginé pour le même but une espèce de dez à coudre, ouvert

---

(1) Cat (Claude-Nicolas le), né à Blérancourt en Picardie en 1700, mort en 1768, remportait toujours les prix mis au concours par l'Académie de chirurgie; pour ne point décourager les autres concurrens par sa grande supériorité, on l'invita à ne plus concourir. En 1731 il eut la place de chirurgien-major en survivance, de l'Hôtel-Dieu de Rouen; en 1744 il organisa l'Académie royale des Sciences de cette ville. Le roi lui accorda des lettres de noblesse en 1764.

par devant et par derrière, de sorte qu'il ne recouvre que les deux côtés du doigt jusqu'au milieu de la seconde phalange, et laisse la pulpe et le dos à découvert. Du milieu de son sommet s'élève un petit crochet qui monte perpendiculairement, et prenant ensuite une direction horizontale, se termine par une pointe recourbée en-dehors, afin qu'elle maintienne l'œil sans pénétrer trop avant. On l'emploie comme le dard de Pamard.

Les ophthalmostates sont rarement employés par nos praticiens, qui préfèrent tenir la paupière inférieure, et font relever la supérieure par un aide, sans s'occuper de comprimer le globe de l'œil.

Des Ciseaux.

Pour les opérations à pratiquer sur les yeux, on a imaginé des ciseaux qui sont tout à-la-fois courbe et en cuillère dans leurs lames, et contournés en sens inverses dans leurs branches. D'après cette conformation compliquée, il résulte qu'il faut deux paires de ciseaux pour chaque œil. Les ciseaux coudés sur le plat, de M. Percy sont préférés.

Instrument de M. Guérin de Bordeaux.

Il consiste en une boîte de soixante millimètres de long sur seize de large et sept de haut. Cette boîte est en cuivre, une des deux plaques larges s'étend à son extrémité dans la longueur de vingt-deux millimètres, et supporte un anneau qui y est fixé à angle droit, et dont le diamètre extérieur est de quinze millimètres, et l'intérieur de cinq. Cet anneau, au milieu de sa hauteur, supporte un onglet de dix millimètres de long; cet onglet est tourné vers la boîte, qui contient une tige d'acier supportant une petite lame en forme de lancette; elle est coudée à angle droit avec la tige qui la supporte, et vient raser l'intérieur de l'anneau dont nous avons donné la description. Une petite bascule retient cette tige qu'un resort fait partir avec force et vitesse. Une vis de rappel avance ou éloigne la lame de l'anneau.

Cet instrument sert à maintenir l'œil en même temps qu'il incise la cornée.

Instrument de M. Dumont.

Cet instrument est construit sur les mêmes principes, et remplit les mêmes vues que le précédent. La boîte a onze centimètres de long sur quatorze millimètres de large et sept de haut, l'anneau est sur la même ligne que la boîte, au lieu de former un angle droit comme dans l'instrument Guérin; l'une des plaques de la boîte est à coulisse et porte une bascule garnie d'un ressort; cette bascule s'engage dans des ouvertures pratiquées à la tige qui supporte la lame, et la retient ou la laisse partir selon que l'on appuie dessus. Un ressort en spirale, enfermé dans un barillet, chasse cette lame avec force et vitesse. Comme les dimensions de la cornée varient, on peut changer les lames et les anneaux, et en substituer de plus ou moins grands.

Malgré la perfection de ces instrumens, le praticien prudent préfère employer le couteau de Wenzel ou de Richter, et ne confie pas le succès d'une opération aussi délicate à l'action d'un ressort dont la marche est toujours uniforme.

CATARACTE.

Explication de la Planche.

Fig. 1. Cistitome de M. le professeur Boyer.
2. Couteau de Richter.
3. Ciseaux courbes sur le côté.
4. Ciseaux courbes sur le plat, du professeur Percy.
5. Pince à lentilles, de M. Monnoir.
6. Pince à double érigne, du même auteur.
7. Couteau de Wenzel.
8. Relève-paupière, de Pellier.

Pag. 76.

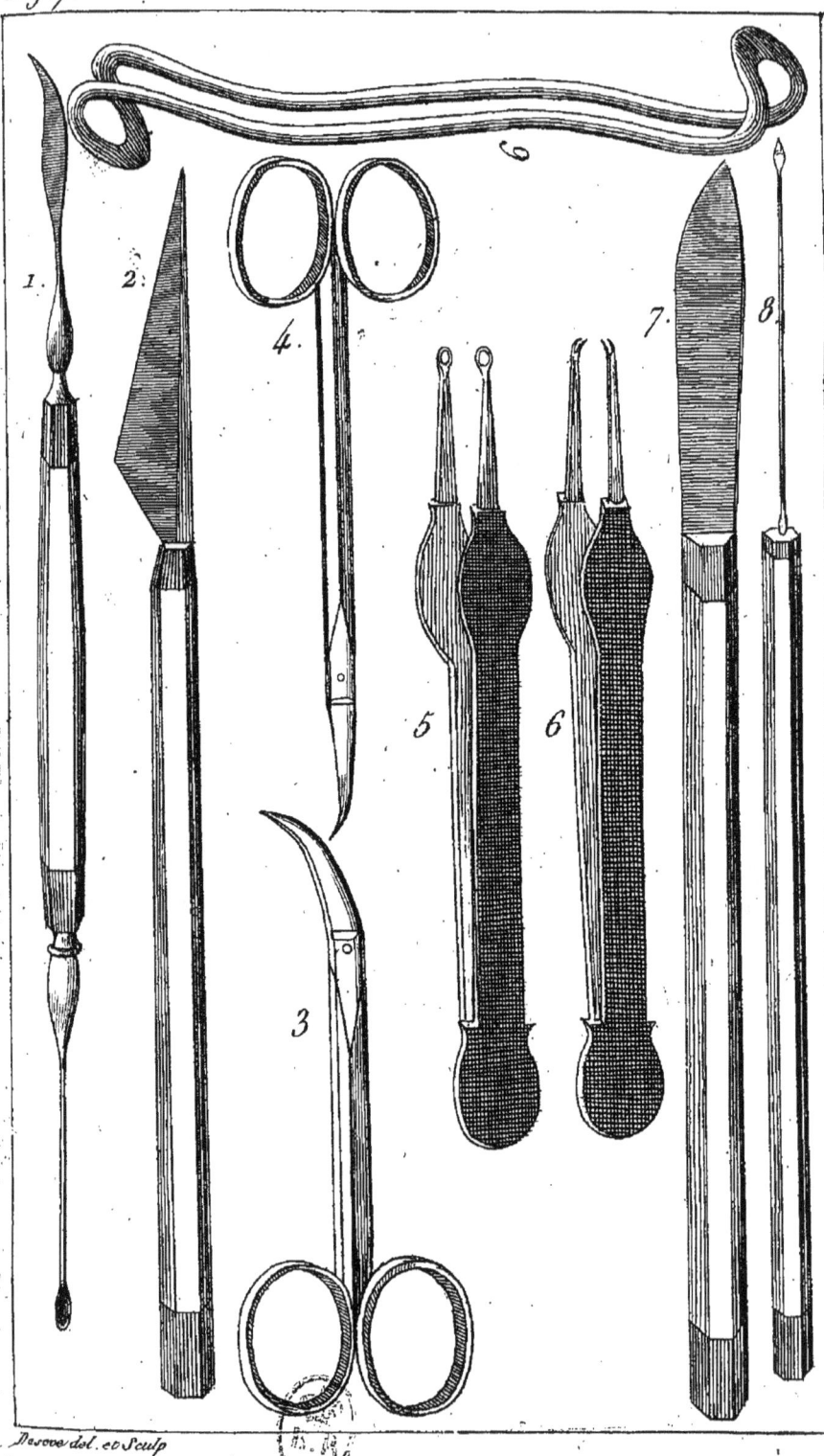

Desove del. et Sculp

CATHÉTÉRISME.

Il n'est pas certain que cette opération fut connue du temps des Grecs ; mais les Latins en faisaient fréquemment usage. On emploie pour sonder la vessie le cathéter, la sonde ou algalie et la bougie. Le cathéter est réservé pour conduire le bistouri dans l'opération de la taille. Nous en avons donné la description au mot *Lithotomie*. On appelle bougie la sonde qui est pleine et flexible, et sonde ou algalie celle qui est percée intérieurement dans toute sa longueur.

Des Sondes.

La sonde est ordinairement d'argent; son diamètre et sa largeur varient suivant l'âge du malade et le sexe; pour les hommes, la longueur est de sept à onze pouces, et pour les femmes six pouces. Cette canule est recourbée vers l'extrémité qui s'introduit dans l'urèthre, et qui porte le nom de bec. Ce bec, terminé en forme de cul-de-sac, est percé de deux ouvertures latérales et ovalaires qu'on appelle les yeux. L'autre extrémité, ou le pavillon, est droite et un peu plus large; deux petits anneaux fixés sur les côtés sont destinés à recevoir des cordons pour fixer la sonde lorsqu'on veut la laisser dans l'urèthre. Chaque sonde est garnie d'un stylet d'argent.

J. L. Petit (1) imagina la sonde à double courbure; elle a la forme d'un S, pour l'accommoder à la courbure du canal et moins fatiguer le malade. Cette sonde est aujourd'hui remplacée par celle en gomme élastique. On doit cette précieuse invention à un orfévre nommé Bernard. Ces sondes sont composées d'un tissu de soie recouvert d'une couche de gomme élastique.

Le chirurgien doit apporter beaucoup d'attention dans le choix des sondes en gomme. Plusieurs ouvriers dans cette partie en ont fabriqué en coton, ce qui vaut bien moins qu'en soie. M. Dupuytren a fait plusieurs fois l'opération de la taille à des personnes qui avaient été sondées avec des sondes faites d'un tissu de coton. On appréciera l'importance de leur bonne qualité par des accidens aussi graves.

Avant cette découverte on avait fait différens essais pour remplacer la sonde d'argent, dont le peu de flexibilité fatiguait le malade condamné

---

(1) Petit (Jean-Louis), né à Paris en 1674, mort en 1760, dès l'âge de douze ans s'était rendu si habile dans l'art de disséquer, qu'il fut chargé des préparations ordinaires des cours et des répétitions à faire aux élèves; membre de l'Académie des Sciences en 1715. Aucun homme jusqu'à Desault ne s'acquit une autorité aussi imposante.

à la porter. Van Helmont proposa d'en faire en cuir ; Fabrice d'Aquapendente en proposait en corne, mais elles n'offraient guère plus de flexibilité. Roncalus, en 1720, s'attribua l'invention de sondes faites par un fil d'argent contourné en spirale et recouvert d'une forte étoffe de soie collée avec un mélange de cire et de résine. On employa encore un autre moyen pour confectionner ces sondes; après avoir couvert la spirale d'argent d'un parchemin collé avec de la colle forte, on tournait par-dessus un fil de soie non torse qu'on maintenait avec de la cire fondue ; on plongeait ensuite cette sonde dans l'emplâtre de nuremberg liquifié. Comme nous l'avons dit plus haut, tous ces procédés ne sont plus en usage depuis l'invention de l'orfévre Bernard.

De la Sonde droite.

Cette sonde est de l'invention de M. Amussat; elle est en argent, a dix à onze pouces de longueur sur deux lignes de diamètre ; elle est tout à fait droite, creuse comme toutes les algalies, et terminée par un cul-de-sac arrondi et percé de deux yeux sur les côtés. A son autre extrémité elle se dévisse dans une longueur de deux pouces. Cette partie mobile de la sonde est cannelée pour faciliter les mouvemens de rotation entre les doigts. Elle porte un anneau d'un pouce de diamètre, destiné à recevoir le pouce de l'opérateur. Un robinet ouvre ou ferme la sonde, et retient ou permet la sortie des urines.

Le mandrin est une tige pleine d'argent terminée à son extrémité par un pas de vis qui est recouvert par un bouton qui se visse dessus. On emploi ce mandrin, comme conducteur, pour introduire sur la sonde d'argent une autre sonde de gomme. On retire le bouton qui couvre le pas de vis, et on visse ce mandrin sur la sonde à la place du bout mobile de deux pouces, dont nous avons parlé plus haut.

La sonde de M. Amussat est d'une utilité généralement sentie, lorsqu'il s'agit de remplacer une sonde d'argent par une de gomme élastique. Sans cet instrument M. Civiale n'aurait pu faire construire son instrument. (Voyez *brise-pierre*, au mot lithotomie.)

De la Sonde à Conducteur.

M. le docteur Pichauzel donne ce nom à une sonde ordinaire percée par les deux bouts, et contenant un mandrin du double de longueur de la sonde. (Deux pieds.) Ce mandrin est pourvu à son extrémité d'un renflement qui ferme l'extrémité vésicale de la sonde, de manière à faire presque corps avec elle. La sonde, avec son mandrin, étant introduite, on la retire et on fait glisser une sonde de gomme sur le mandrin resté dans l'urèthre. Ce procédé a déjà été indiqué par M. Desault; il a l'avantage d'offrir au malade le moyen de pouvoir changer lui-même ses sondes, lorsque la première a été introduite par son chirurgien : c'est surtout dans les campagnes que les habitans éloignés des gens de l'art sentent tout le prix de cet instrument.

Sonde à Bec conique.

Cette sonde est en argent, comme les instrumens de ce genre : son extrémité, ou bec, est terminée en cône. On l'emploie lors du cathétérisme forcé pour pénétrer à travers les obstacles de l'urèthre et du col de la vessie. Cet instrument est de l'invention de M. le professeur Boyer.

Des Bougies.

Les bougies sont des sondes pleines et flexibles, imaginées pour dilater le canal de l'urèthre. Félipo, médecin de l'empereur Charles-Quint, en est, dit-on, l'inventeur. Elles étaient de plomb jusqu'au temps de Daran (1). On leur donnait généralement une forme ronde. François Diaz proposa de

---

(1) Daran (Jacques), né à Saint-Frajon en 1701, mort en 1784; il refusa les offres brillantes du roi de Sardaigne, et préféra consacrer ses talens au soulagement de ses

les faire triangulaires et pointues. Les bougies de baleine vinrent ensuite, mais furent bientôt abandonnées. Fabrice d'Aquapendente imagina des bougies de toile recouvertes de cire dans toute leur étendue, et parcourues par un stylet d'argent. Plus tard on employa les bougies de corde à boyau. Enfin toutes ces diverses espèces sont remplacées par les bougies en gomme élastique, imaginées par Théden en 1777.

Les bougies emplastiques sont formées d'un cylindre de toile de dix à douze pouces de longueur trempé dans le diachylum fondu.

Les bougies à ventre sont de l'invention de Ducamp. Elles ont à leur extrémité un renflement de douze à quinze lignes d'étendue. Les plus petites ont un ventre de deux lignes et demie de diamètre, et les autres en ont un de deux, de trois et jusqu'à quatre lignes de diamètre.

---

compatriotes. L'habileté qu'il avait acquise, dans le traitement des rétrécissemens de l'urèthre, engagea le roi de France à l'inviter de se rendre à Paris; ses bougies emplastiques opérèrent presque des prodiges; mais il eut le tort de faire long-temps un secret de leur composition, ce qui le fit passer pour un charlatan. Cette tache qu'il imprima à sa mémoire ne fut pas compensée par des avantages pécuniaires; il gagna, il est vrai, des sommes immenses, mais des spéculations malheureuses lui ravirent tout ce qu'il possédait sur la fin de ses jours, et il mourut à Paris dans un état voisin de la misère.

EXTRACTION DES CORPS ÉTRANGERS,
ET CATHÉTÉRISME.

Explication de la Planche.

Fig. 1. Sonde conique, de M. le profes. Boyer.
    2. Sonde droite, de M. Amussat.
    3. Sonde ordinaire.
    4. L'Acantabole.
    5. Tribulcon de M. Percy.

Page. 82.

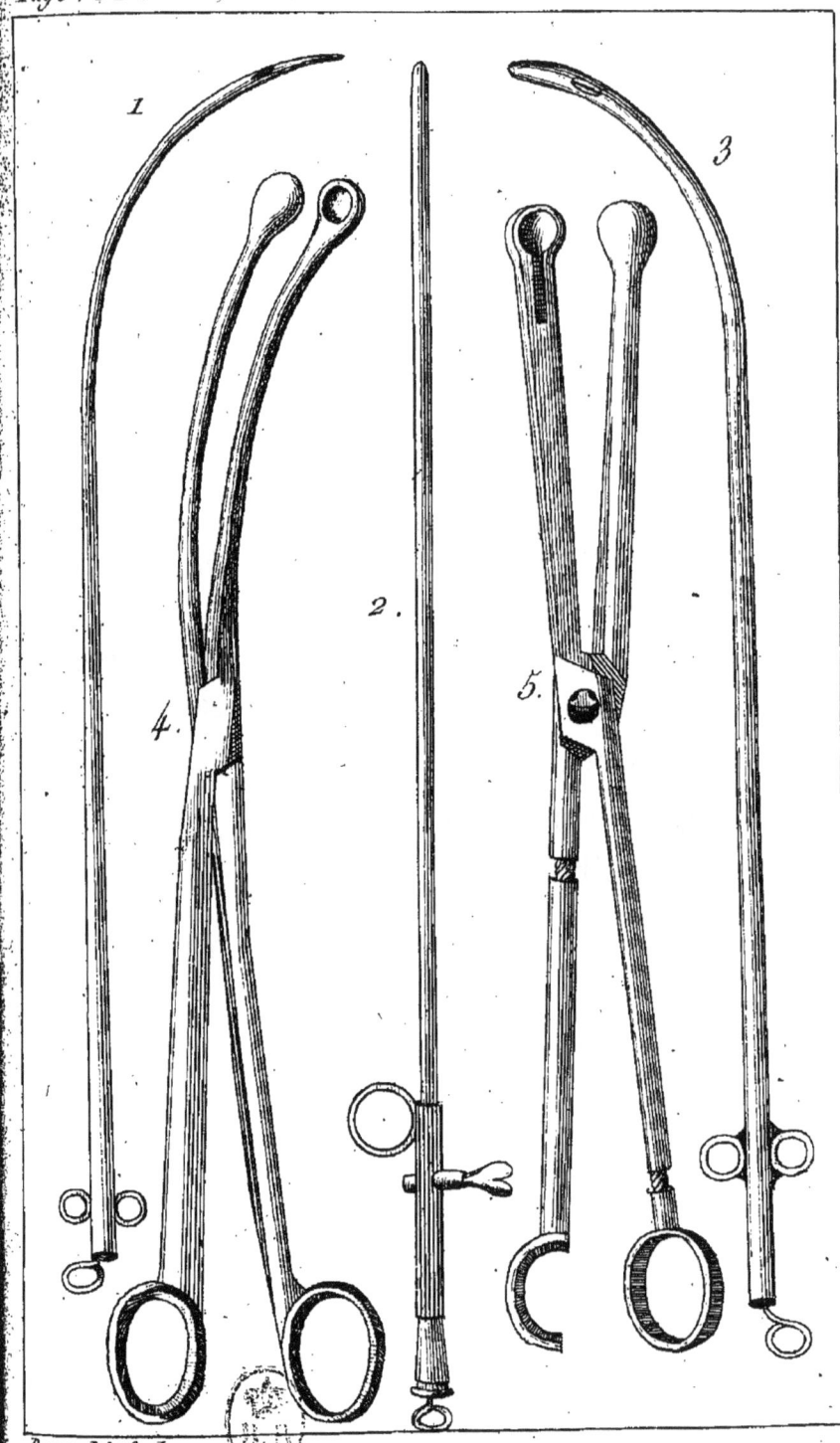

Desove del et Sculp.

Le porte-bougie est une canule d'argent semblable à celle du trois-quarts, excepté qu'elle est plus longue. Cet instrument sert à conduire les bougies dans l'urèthre pour le dilater.

CAUTÉRISATION.

Les Arabes faisaient les cautères en or et en argent, comme plus doux et causant une brûlure moins douloureuse que celle du fer. Cette erreur se propagea, et plusieurs médecins célèbres, tels que Houllier (1), Cardan (2), Marc-Aurèle Séverin

---

(1) Houllier (Jacques), né à Etampes, mort en 1562, fut reçu docteur à la faculté de Paris sous le décanat de Jean Tagault, et élu doyen en 1546. Il cultiva, avec un succès égal, la médecine et la chirurgie; son nom qui, latinisé, s'écrit *Hollerius*, est devenu célèbre dans la littérature médicale; il ne publia lui-même aucun de ses nombreux ouvrages; les éditions qui parurent de son vivant furent données par ses disciples, d'après les cahiers écrits sous sa dictée, suivant l'usage alors adopté dans les écoles.

(2) Cardan (Jérôme), célèbre médecin et mathématicien, né à Pavie en 1501, mort en 1576 à Rome; il s'était adonné à l'astrologie, et se piquait, comme Socrate, d'avoir un démon familier. Le nombre de ses ouvrages est très-considérable; il en a composé sur la philosophie, la morale, la dialectique, la physique, la géométrie,

et Plater (1) n'eurent pas la force de la secouer. Les cauters actuels sont en acier. Cet instrument est divisé en trois parties : le manche, la tige et l'extrémité cautérisante.

Le manche peut être en buis, en ébène, en corne, ou en ivoire. Il doit être taillé à pans, et avoir trois pouces et demi de long. L'intérieur, qui est creusé pour recevoir la soie de la tige, doit être garni en cuivre. A un tiers de sa longueur un trou donne entrée à une vis de pression qui sert à retenir la tige lorsqu'elle est introduite. On doit cette innovation à M. Percy. Les manches autrefois étaient fixes sur le manche; ils se brûlaient promptement ou s'échauffaient en même-temps que le fer. Maintenant un seul manche peut servir pour les différens cautères actuels en usage.

La tige d'acier, arrondie en baguette, a neuf pouces de longueur; son extrémité est recourbée, et forme, à quelque distance du renflement destiné à cautériser, un angle de quatre-vingts à

---

l'arithmétique, l'astronomie, l'astrologie, la médecine, l'histoire naturelle, la musique, l'anatomie, l'histoire, la grammaire et l'éloquence. L'empire qu'il exerça sur son siècle le rend fort remarquable.

(1) Plater (Félix), né à Bâle en 1536, mort en 1614, était fils du recteur du gymnase de cette ville. Il fut promu à l'âge de vingt ans, aux honneurs du doctorat à Montpellier.

quatre-vingt-dix degrés. Cette courbure donne la facilité de porter l'instrument dans toutes les directions, et permet de le diriger plus sûrement avec l'œil, que s'il faisait une suite directe avec la tige. Il faut excepter le cautère dit en roseau, qui est droit.

L'extrémité cautérisante est variée de forme à l'infini; M. Percy en a réduit le nombre à sept principales; elles ont été réduites à six, qui sont:

1°. Le cautère en roseau; la tige est droite et terminée par un cylindre rectiligne de cinq à six centimètres de longueur sur quinze millimètres de diamètre. Cet instrument tire son nom de sa ressemblance avec le roseau en fleurs. On l'emploie pour cautériser les trajets longs, ou des points situés à de grandes profondeurs.

2°. Le cautère olivaire, ou le bouton de feu, dont la tige est recourbée, porte à son extrémité un bouton en forme d'olive.

3°. Le cautère conique, ou la pointe de feu; sa tige, également courbée, porte un cône tronqué, dont l'axe est de vingt-sept millimètres, et dont la base en a dix-sept de diamètre.

4°. Le cautère hostile, hostaire, cultellaire, ou le couteau de feu; son extrémité a la forme de la hache des faisceaux des licteurs romains. Le dos qui s'unit à la tige a dix millimètres d'épaisseur; son tranchant très-obtus forme un quart de cercle.

5°. Le cautère nummulaire, ou la plaque de feu, porte à son extrémité coudée une plaque ronde ayant trois centimètres de diamètre sur huit à dix millimètres d'épaisseur. Cette plaque doit être légèrement convexe du côté de sa surface libre.

6°. Le cautère circulaire, annulaire, ou couronne de feu; sa tige est droite et terminée par une masse globuleuse, surmontée par une couronne de six millimètres de profondeur. Ce cautère est destiné à pratiquer la cautérisation synciputale.

On exige que les cautères soient polis, que les soies des tiges soient bien égales, afin de s'ajuster toutes sur le même manche avec facilité.

Le cautère que l'on employait pour la fistule lacrymale différait des autres en ce qu'il était très-petit et qu'il ne s'appliquait qu'à l'aide d'un conducteur; la tige était coudée à angle droit à deux pouces de son extrémité, et était terminée par un bouton olivaire. Un entonnoir en argent de dix-huit lignes de longueur servait de conducteur; la partie supérieure de cet entonnoir était entourée d'un rebord plat avec un manche de trois pouces pour le tenir.

CAUTÉRISATION.

Explication de la Planche.

Fig. 1. Un cautère conique.
   2. Cautère olivaire.
   3. Cautère hostile.
   4. Cautère en roseau.
   5. Cautère nummulaire.
   6. Cautère circulaire.
   7. Manche sur lequel s'ajustent tous les cautères.

Pag. 86.

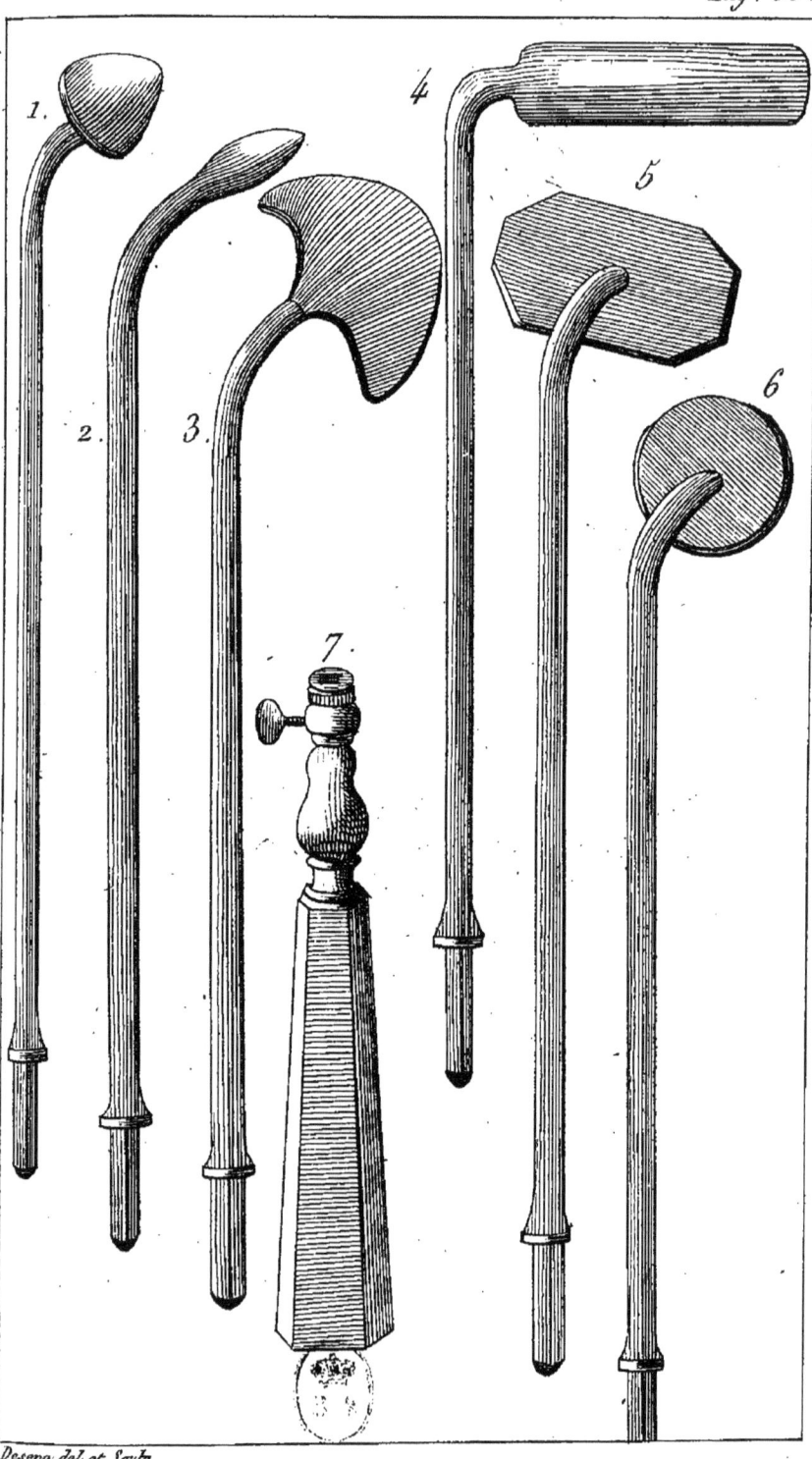

Deseve del et Sculp

DES DENTS.

Les instrumens pour arracher les dents sont: la clef, le pélican, le davier, le tiretoir, l'élévatoire, le pied-de-biche et le tire-fond. Pour les nettoyer on emploie des instrumens de diverses formes.

Des Clefs.

L'instrument connu en France sous le nom de clef de Garengeot, est, dit-on, d'origine anglaise, mais les changemens apportés par Garengeot lui ont fait donner le nom de ce praticien; elle est formée d'une tige d'acier de trois lignes de diamètre sur quatre pouces de longueur, elle est légèrement recourbée vers son extrémité, et est terminée par un pannéton dont le museau est formé par une échancrure destinée à recevoir un crochet qui se monte dessus à angle droit, et qui est maintenu par une vis; ce crochet a une ouverture plus ou moins grande, selon le volume de la dent à extraire. La vis a été remplacée, dans quelques-uns de ces instrumens, par une tige d'acier qui est repoussée par un ressort à boudin contenu dans le corps de la clef. L'autre extrémité de la clef est terminée par un manche de deux pouces et demi de long sur six lignes carrées.

Toutes les autres clefs ne sont qu'une imitation de l'instrument de Garengeot, sauf quelques modifications. La clef de Laforgue (1) diffère en ce que la courbure de la tige est plus prononcée et commence à un pouce au-dessus du manche.

M. Delabarre a fait pratiquer deux ouvertures au panneton de la clef de Laforgue : ses crochets, au lieu d'être demi-courbes, sont à angle droit.

La clef de Fox porte trois ouvertures à son panneton ; celle de Maury, qui n'en est qu'une imitation, porte également trois ouvertures, mais le panneton du milieu est plus large. Le manche est mobile, un ressort retient le carré de la tige, qui n'entre pas dans le milieu du manche comme dans toutes les autres clefs, mais à un tiers de sa longueur.

La clef à noix, dite anglaise, offre l'avantage de tourner le crochet en tout sens, sans être obligé de le démonter. Une noix, marquée de plusieurs échancrures, tourne sur une plate-forme à-peu-près elliptique, une bascule, parallèle à la tige,

---

(1) Laforgue (Louis) fut reçu expert dentiste au collége royal de chirurgie ; il était dentiste des pauvres du département de la Seine. Il a publié plusieurs ouvrages estimés; ils contiennent de judicieuses observations, mais on reproche à l'auteur d'avoir entaché ses écrits de critiques peu mesurées, soit contre ses confrères, soit contre les médecins qui avaient parlé de ses ouvrages.

entre dans les échancrures, et fixe le crochet dans la direction que l'on désire.

Le manche de cet instrument peut être fait de différentes façons, quelquefois il ne consiste que dans un morceau de bois dur que l'on introduit dans un anneau qui termine la tige ; d'autre fois ce manche est brisé, et contient des tourne-vis ; enfin, il est quelquefois de même métal, et forgé en même temps que le corps de l'instrument.

La clef est généralement employée pour extraire toutes sortes de dents, cependant quelques dentistes préfèrent le pélican.

Du Pélican.

On distingue plusieurs espèces de pélican : le pélican simple est composé d'un morceau d'acier plat, de trois lignes d'épaisseur ; chaque extrémité est arrondie en portion de cercle, et est dentelée. De chaque côté du milieu de ce pélican, part un crochet recourbé en forme de bec de l'oiseau dont il porte le nom ; ce crochet va passer et se rabattre sur le point d'appui, en laissant l'intervalle de l'épaisseur d'une dent ; un des deux crochets est un peu plus long de tige.

Le pélican à vis de rappel est composé de deux tiges d'acier se réunissant et formant un quart de cercle dentelé ; un manche portant une vis de rappel, passe entre ces deux tiges, et sert à faire monter ou descendre le crochet. Les autres espèces de pélican n'étant plus en usage, nous n'en donnerons pas la description.

Du Davier.

Le davier est une espèce de pince unie à jonction passée; son extrémité ressemble au bec de perroquet. La partie inférieure de ce bec doit être plus courte que la supérieure; la branche qui porte la partie supérieure décrit une courbure, tandis que l'autre est droite. Il y a des daviers dont la partie supérieure de la pince est courbe sur le côté comme le bec de corbin, et l'autre droite. Cet instrument doit être très-fort; on l'emploie pour extraire les dents canines, incisives et petites molaires.

Le davier de Charpentier, graveur, a deux points d'appui pour poser sur les dents voisines, une bascule serre la dent; cet instrument, agissant plutôt en pressant la dent qu'en la retirant, est peu en usage.

Du Tiretoir.

Cet instrument ressemble assez au davier à bec de perroquet; mais il agit comme le levier; ses branches ne sont pas unies à jonction passée, mais elles se séparent et se réunissent par un bouton comme dans le forceps de M. Dubois. La branche mâle porte la partie inférieure de la pince qui sert de point d'appui; à cette branche on joint plusieurs espèces de branches femelles qui portent un crochet; ces branches ne varient que par la longueur et l'épaisseur de l'extrémité des crochets. On emploie le tiretoir pour extraire les incisives et les racines de la mâchoire inférieure. Cet instrument est de l'invention de monsieur Lemaire. Laforgue en a donné la description dans sa Théorie du Dentiste (2e *édition.*)

De l'Élévatoir.

Il est composé d'une tige droite d'acier de trois lignes de diamètre, sur trois pouces à trois pouces et demi de longueur. Son extrémité se jette un peu sur le côté pour se terminer en forme de langue de carpe. Cet instrument est monté sur son manche comme la clef, quelquefois son manche est droit, alors la tige est plus courte.

Du Pied de Biche.

Cet instrument tire son nom de sa forme, il se compose d'une tige d'acier taillée à pans, légèrement courbée à son extrémité, et un peu échancrée. A huit lignes de cette extrémité, se relève un petit crochet dont l'extrémité est tournée vers le manche. Cet instrument est monté sur un manche en forme de poire, et taillé à pans. On fait des pieds de biche semblables au précédent, à l'exception du petit crochet qui n'y existe pas, l'extrémité est dentelée.

On emploie cet instrument pour extraire les chicots.

Du Tire-Fond.

Cet instrument est formé d'une tige d'acier droite et arrondie, de deux à trois lignes de diamètre sur deux pouces de longueur; son extrémité est légèrement renflée, et se termine en pointe, contournée par deux pas de vis.

On emploie cet instrument pour extraire les racines qui ne donnent point de prise à d'autres instrumens. L'emploi de cet instrument exige une main très-exercée, et M. Lemaire en tire un très-grand parti.

Des Rugines.

On emploie plusieurs sortes d'instrumens pour nettoyer les dents; les rugines en usage sont formées d'une tige d'acier arrondie d'une ligne et demie de diamètre sur deux pouces de longueur; elles sont montées sur un manche taillé à pans, et elles ne diffèrent entre elles que par leurs extrémités. Nous allons les décrire :

Rugine en forme de langue de carpe, tranchante des deux côtés.

Rugine se terminant par une lame droite semblable à celle d'un canif, mais plus forte, nommée déchaussoir.

Rugine terminée par une coupe oblique, un peu ovale sur les côtés, tranchante sur les deux bords du talon et sur le bord contigu à la pointe.

Rugine coudée carrément, et coupant sur trois bords.

Rugine coudée se terminant en pointe et coupant sur les deux côtés.

Rugine en cuillère coudée, et terminée par une pointe à deux tranchans.

Rugine terminée en ciseau.

Pour limer les dents, on emploie des limes sans manche, de diverses longueurs, largeurs et épaisseurs; elles sont plates, taillées sur trois faces, et croisées sur les faces larges. Ces diverses sortes de limes sont supportées par un manche d'où part une tige d'acier, longue de dix-huit lignes, et coudée à son extrémité dans la longueur de quatre lignes. Cette extrémité se termine par une gorge destinée à recevoir la lime. Une vis de pression pousse une plaque mobile et maintient la lime fixée dans cette gorge.

Pour plomber les dents, on se sert d'instrumens semblables aux rugines; ils ne diffèrent que par leurs extrémités. Les voici :

Un écarissoir triangulaire et pointu, courbé à l'extrémité.

Un fouloir courbé au bout, et un droit; ces deux instrumens sont semblables à un poinçon dont la pointe est cassée.

MM. les dentistes mettent ordinairement assez de coquetterie dans le choix de leurs instrumens; l'acier doit être d'un beau poli, les tiges sont assez souvent ornées de boules taillées à facettes. Les manches sont quelquefois garnis en argent ou en vermeil; ils sont en nacre, en écaille, en argent ou en vermeil.

Nous ne pouvons donner une description plus étendue des instrumens du dentiste, chaque praticien en varie la forme selon son goût ou ses besoins.

DISSECTION.

Les instrumens dont on se sert pour la dissection sont : le scalpel, la gouge, le ciseau, le maillet, la rugine, les pinces, l'érigne, la scie, la hachette de M. Mérat, un marteau, le rachitome, un intérotome, des tubes, une seringue, des stylets et des aiguilles de différentes formes, un long couteau droit, des ciseaux.

DENTS.

Explication de la première Planche.

Fig. 1. Tire-toir de M. le chevalier Lemaire.
2. Une Rugine en ciseau.
3. Une Rugine carrée.
4. Une Rugine pour nettoyer les caries.
5. Un Cure-dent.
6. Une Scie.
7. Un Porte-lime à plaque de pression.
8. Une Rugine pointue.

Pag. 94. Pl. 1.

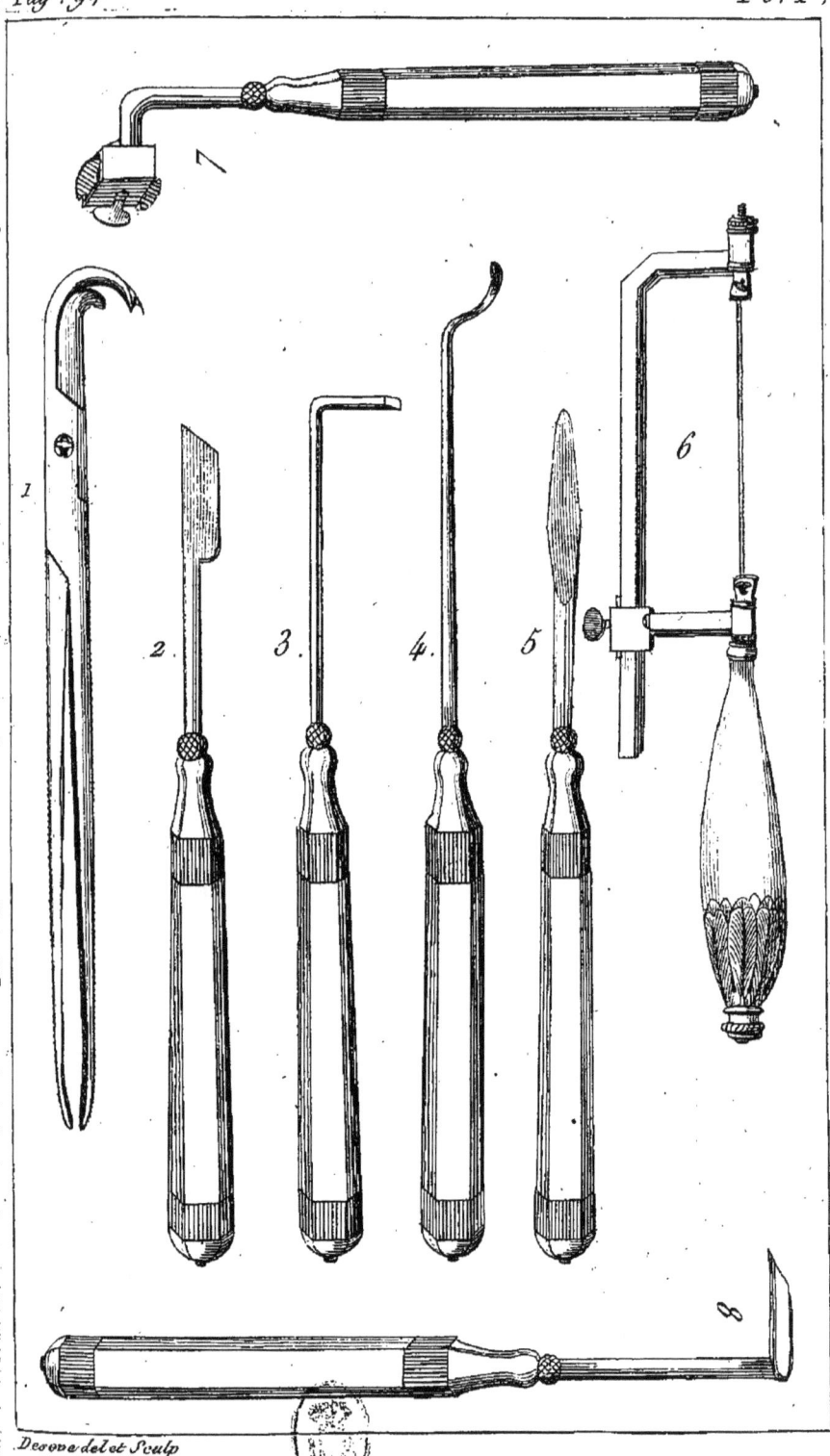

Desove del et Sculp.

DENTS.

Explication de la deuxième Planche.

Fig. 1. Davier courbe sur le plat.
 2. Pince droite.
 3. Élevatoire.
 4. Tire-fond pour les racines.
 5. Clef de M. le docteur Delabarre.
 6. Crochet de cette clef.
 7. Clef de Garengeot.
 8. Crochet de cette clef.

Pag. 94. Pl. 2.

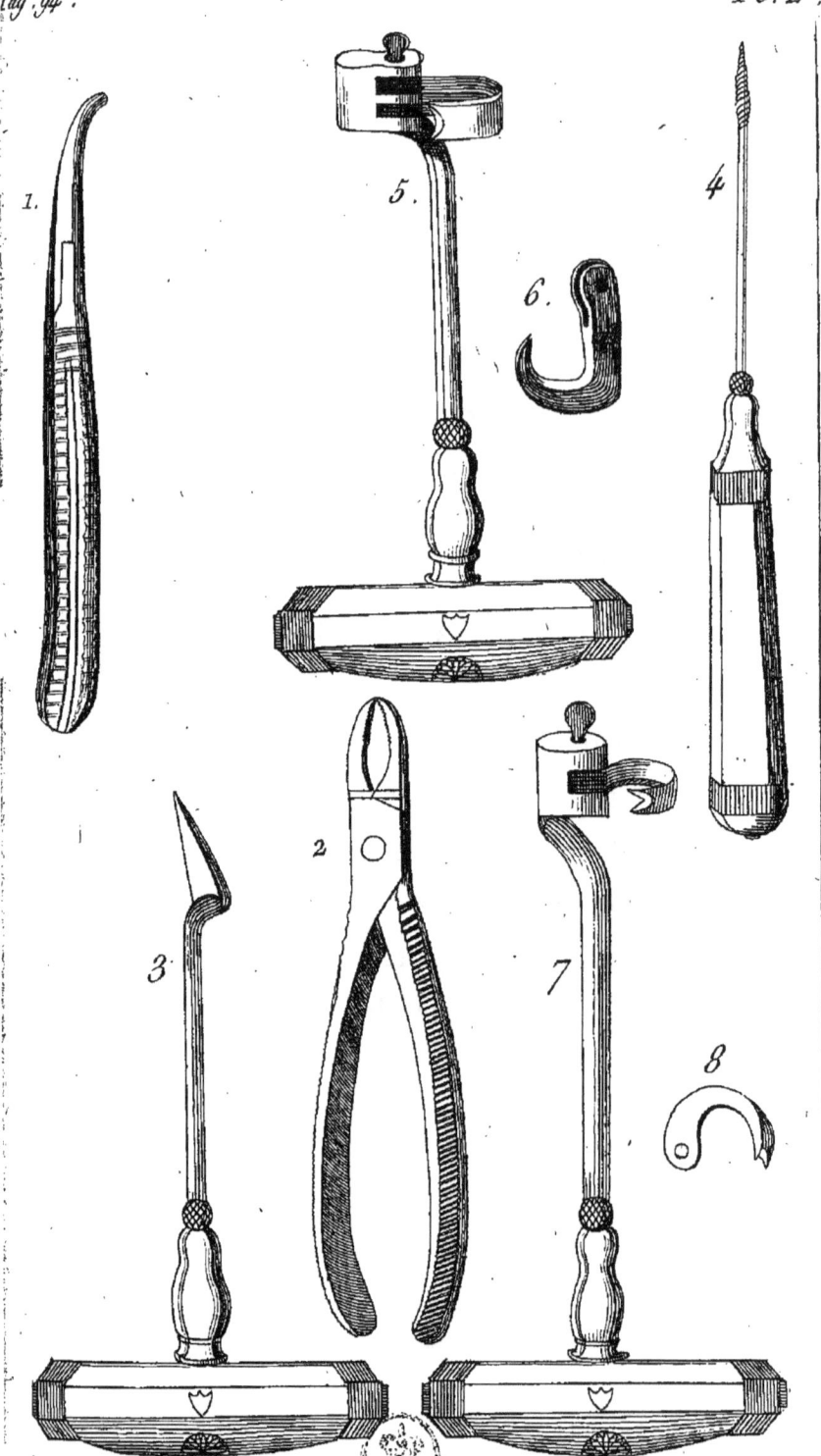

Du Scalpel.

Le scalpel est un instrument à lame aplatie, pointue et tranchante sur les bords. Il y a différentes espèces de scalpels : à dos, à lance, à lancette et à névrotome; le talon de la lame est toujours fixe sur son manche; la longueur ordinaire de la lame est d'un pouce et demi, sur cinq lignes de large à sa base; le manche est de bois, d'os ou d'ivoire; sa forme présente une rondeur aplatie, se terminant par une pointe plate et émoussée. Les scalpels à deux tranchans ne doivent couper sur le dos que jusqu'à moitié de leur lame, afin de ne pas blesser celui qui s'en sert. Le scalpel à lancette est tranchant des deux côtés, sans vive-arête au milieu. Le névrotome, ou scalpel, destiné à la dissection des nerfs, doit avoir une lame longue et étroite; son tranchant ne doit pas être vif, mais sa pointe aiguë; l'épaisseur de sa lame est d'une ligne et demie au talon; elle est à deux tranchans, séparés par une vive-arête. Ces divers scalpels, nécessaires à l'anatomiste, sont ordinairement rangés dans une boîte, qui contient en outre des ciseaux, des érignes, des pinces, etc.; c'est ce que l'on appelle la boîte à dissection. On emploie aussi des scalpels à lames convexes sur le tranchant.

Le scalpel de Lé Cat est à lame convexe, la moitié du dos, vers la pointe, est concave; cette lame est montée sur un manche dont l'extrémité est terminée par un ciseau en acier; on se sert de cet instrument pour séparer les pariétaux.

Le levier des pariétaux, de Le Cat, n'est autre chose qu'un fort tourne-vis monté sur un manche rond, en bois ou en ivoire.

On recherche, dans les scalpels, que les lames soient en acier fondu, que le tranchant soit bien ménagé, et qu'ils soient solidement assujettis sur leur manche.

Des Pinces à Dissection.

La pince à dissection consiste en une branche d'acier repliée en deux, et formant ainsi deux branches qui s'écartent l'une de l'autre par leur propre ressort; elles se joignent à leur extrémité, en les serrant avec les doigts. Ces extrémités sont garnies, à leurs parties internes, de petites dents transversales, afin qu'elles serrent plus exactement. Ces pinces ont ordinairement quatre pouces de longueur, et cinq à six lignes de large à la base de chaque branche, qui va toujours en diminuant de largeur et en augmentant légèrement d'épaisseur. Ces pinces sont polies dans toute leur longueur; cependant on en a construit qui, à leur extérieur et à leur partie moyenne, où elles sont plus épaisses, offrent de petites rainures transversales qui empêchent que les doigts ne glissent quand on les serre.

On fait encore des pinces anatomiques d'une plus grande dimension; il y en a de dix à douze pouces de longueur, et fortes à proportion. Le docteur Bayle (1) en employait de semblables dans ses dissections, le mauvais état de sa santé lui faisant appréhender de toucher aux cadavres.

---

(1) Bayle (Gaspard Laurent), né en 1774, au Vernet, village de Provence, mort en 1816, fit ses études à Montpellier, alla aux armées, en revint en 1798, suivit les cours de l'École, et fut reçu docteur en médecine en 1801; il obtint en 1807 la place de médecin-adjoint de la Charité, fut nommé, en 1808, médecin par quartier de la maison de l'Empereur, et partit pour l'Espagne. Bayle est un des médecins les plus distingués depuis le renouvellement des Ecoles de Médecine; il était doué d'un grand talent d'observation; il recueillit, avec la plus grande exactitude, l'histoire de toutes les maladies et les altérations morbides que lui offrait l'ouverture des cadavres, genre de recherches auquel il se livra, et qui lui fournit les matériaux de l'ouvrage qui devint le fondement le plus solide de sa réputation: *Recherches sur la phthisie pulmonaire.* Bayle possédait un grand nombre de connaissances variées. Les événemens de 1815 l'affectèrent sensiblement, sa santé déclina peu-à-peu, et la mort le ravit aux sciences à l'âge de quarante-deux ans.

Les pinces anatomiques servent à soulever les parties fines et délicates que l'on veut inspecter; on s'en sert aussi, à la suite d'une amputation, pour la ligature des vaisseaux.

Cet instrument est désigné, par les anciens auteurs, sous le nom de pincettes.

Du Maillet.

Cet instrument est semblable à l'outil qui porte ce nom; sa masse est en bois ou en plomb; on s'en sert, avec la gouge et le ciseau, pour emporter des parties osseuses qu'on ne peut enlever avec la scie; on s'en sert aussi dans quelques préparations anatomiques.

De la Rugine.

Cet instrument consiste en une platine épaisse, dont les bords sont peu tranchans; du milieu d'une de ses faces part une tige montée sur un manche ordinairement quadrilatère. Cette platine est de diverses formes, selon les surfaces sur lesquelles on veut l'employer.

La rugine sert pour râcler ou ratisser les os, pour en enlever une couche plus ou moins épaisse; on l'emploi lors de l'application du cautère, sur une surface cariée, et dans l'opération du trépan.

Des Scies pour la Dissection.

On emploie des scies de diverses formes dans les ouvertures cadavériques.

Pour ouvrir le crâne, sans attaquer le cerveau, M. Amussat a ajouté, à la scie à amputation, un rebord qui redescend à volonté sur le feuillet de la scie, et l'empêche de pénétrer plus avant. Ce rebord a lieu de chaque côté du feuillet, et est rappelé par deux tiges qui vont rejoindre le sommet de l'arbre; à chacune de ces tiges sont placés deux écrous de rappel.

La scie pour la section des côtes est de l'invention de M. Bricheteau : elle consiste en une lame convexe sur son tranchant, et montée sur une tige de cuivre, à laquelle on adapte un manche en bois; des dents sont pratiquées sur cette partie convexe, mais l'extrémité est tranchante et sans dents. La longueur de cette scie, sans ce manche, est de cinq pouces.

La scie de M. Mérat est un feuillet de scie de six lignes de hauteur, monté sur une tige de cuivre, et adaptée sur un manche de couteau à ressort. La longueur de cette scie est de quatre pouces et demi, sans le manche.

Du Couteau droit.

La lame de ce couteau doit être forte, et avoir dix ou douze pouces de longueur, elle est montée fixement sur un manche; on s'en sert pour la section des vertèbres.

Hachette anatomique.

Cet instrument est de l'invention de M. Mérat, il est composé d'une masse en fer trempé, terminée par deux tranchans opposés, à angle droit, ayant cinq pouces de longueur totale. Le tranchant principal a quinze lignes de large, et va en augmentant d'épaisseur à mesure qu'il s'éloigne du bord. Ce bord n'est pas coupant; il présente au contraire une demi-ligne d'épaisseur, afin qu'il casse au lieu de couper; l'autre extrémité du fer est terminée en sens contraire, et est tout-à-fait coupante; son bord a deux pouces de large; un trou carré, pratiqué au milieu de cette hachette, reçoit un manche de bois d'un pied de long; deux tenons en fer retiennent la hachette après ce manche. Le poids total de cet instrument est de vingt onces à-peu-près.

Cet instrument sert pour enlever le crâne; la portion coupante sert à abattre les esquils qui se rencontrent au pourtour de la portion tronquée du crâne; on l'emploie aussi pour couper les vertèbres et autres os spongieux, ainsi que ceux qui ont une consistance solide. A cet instrument on préfère la scie de M. Amussat.

Le Rachitôme.

Cet instrument est une masse d'acier formant une espèce de hachette de huit pouces de hauteur, son tranchant est convexe, et a deux pouces de longueur. A quatre lignes de hauteur se trouve une vive-arête qui l'empêche de pénétrer plus avant dans les parties que l'on veut séparer. Une extrémité du tranchant est terminée à angle rentrant, l'autre se termine par un manche de même métal, légèrement convexe, de six pouces de longueur, sur quatre lignes de hauteur près du tranchant, et de huit lignes à son extrémité. Cet instrument a, dans toute sa longueur, trois lignes d'épaisseur.

Le rachitôme sert à séparer les vertèbres; il est de l'invention de M. Amussat; nous avons déjà donné la description de plusieurs instrumens inventés ou perfectionnés par cet anatomiste distingué.

La Gouge et le Ciseau.

Le ciseau est semblable à l'instrument de même nom, dont se servent les menuisiers; il consiste en une tige d'acier, dont l'extrémité va en s'élargissant, et forme un tranchant aigu. L'autre extrémité se termine par une scie pour être montée sur un manche assez volumineux et taillé à pans.

La gouge est une espèce de ciseau dont le tranchant ne décrit pas une ligne droite, mais une figure demi-circulaire. On se sert de ces instrumens dans la dissection, pour la section des os et des esquils. Ils sont aussi en usage dans les exostoses. On exige dans ces instrumens qu'ils soient en bon acier, que la tige en soit forte et le tranchant bien ménagé.

Des Ciseaux.

Les ciseaux dont on se sert pour la dissection sont à pointes aigus; on se sert aussi pour la névrologie de ciseaux courbes sur le plat.

De l'Intérotôme.

Cet instrument, inventé par M. J. Cloquet, est une forte paire de ciseaux, dont l'extrémité des lames est différente; une de ces lames porte à son extrémité, sur le tranchant, un petit crochet à pointe mousse, il a pour but, d'empêcher de glisser d'entre les branches, les parties que l'on veut couper; l'autre, plus courte, est à angle rentrant. On se sert de cet instrument pour couper les intestins.

Du Marteau.

Cet instrument sert pour frapper sur le dos du rachitôme, de la gouge, du ciseau, etc. Son manche doit être en fer, et son extrémité se terminer en ciseau, pour être propre à remplacer le lévier de Lecat. Son poids total est d'une livre à une livre un quart.

On recherche particulièrement dans cet instrument que l'emmanchement soit parfaitement fait, et que la masse soit bien trempée.

De la Seringue à Injection.

On peut se servir de seringues de cuivre, d'étain, d'argent et de verre. Celle qui est en usage dans les amphithéâtres est en cuivre jaune; elle doit contenir environ un litre de substance à injecter; à son canon est adapté un robinet, sur les côtés sont fixées des poignées en bois qui servent à maintenir l'instrument, le piston doit remplir exactement le canon et glisser facilement.

Des Tubes.

Les tubes à injection sont en cuivre jaune, leur extrémité supérieure doit s'adapter exactement au robinet de la seringue, et leur extrémité inférieure présente un calibre différent, suivant les vaisseaux que l'on veut injecter.

De l'Érigne.

Outre les érignes, dont la description se trouve au mot *trousse*, on se sert encore dans la dissection d'une triple érigne. Sur un anneau d'acier sont attachées trois chaînes de même métal, de cinq, de quatre et de trois pouces de longueur; à leur extrémité se trouve une érigne, à son extrémité antérieure se trouve aussi un petit crochet qui, entrant dans les divers anneaux de la chaîne, permet de l'alonger ou raccourcir à volonté.

EXTRACTION DES CORPS ÉTRANGERS.

Les Anciens nous ont transmis un grand nombre d'instrumens pour extraire les corps étrangers. Les plus usités sont : le bec-de-cuillère, les pinces et le tire-fond. Les autres sont : les becs-de-corbin, les becs-de-canne, les becs-de-grues, et les divers tire-balles simples et composés. Le tribulcon de M. Percy(1) réunit tous les avantages que l'on peut tirer de ces divers instrumens.

---

(1) Percy (Pierre-François), né à Montagny en

DISSECTION.

Explication de la Planche.

Fig. 1. Rachitome du docteur Amussat.
  2. Marteau à Dissection.
  3. Érigne à trois crochets.
  4. Scie pour ouvrir le crâne, de l'invention de M. Amussat.
  5. Intérotome de M. J. Cloquet.
  6. Scalpel convexe.

page 104.

Pag. 104.

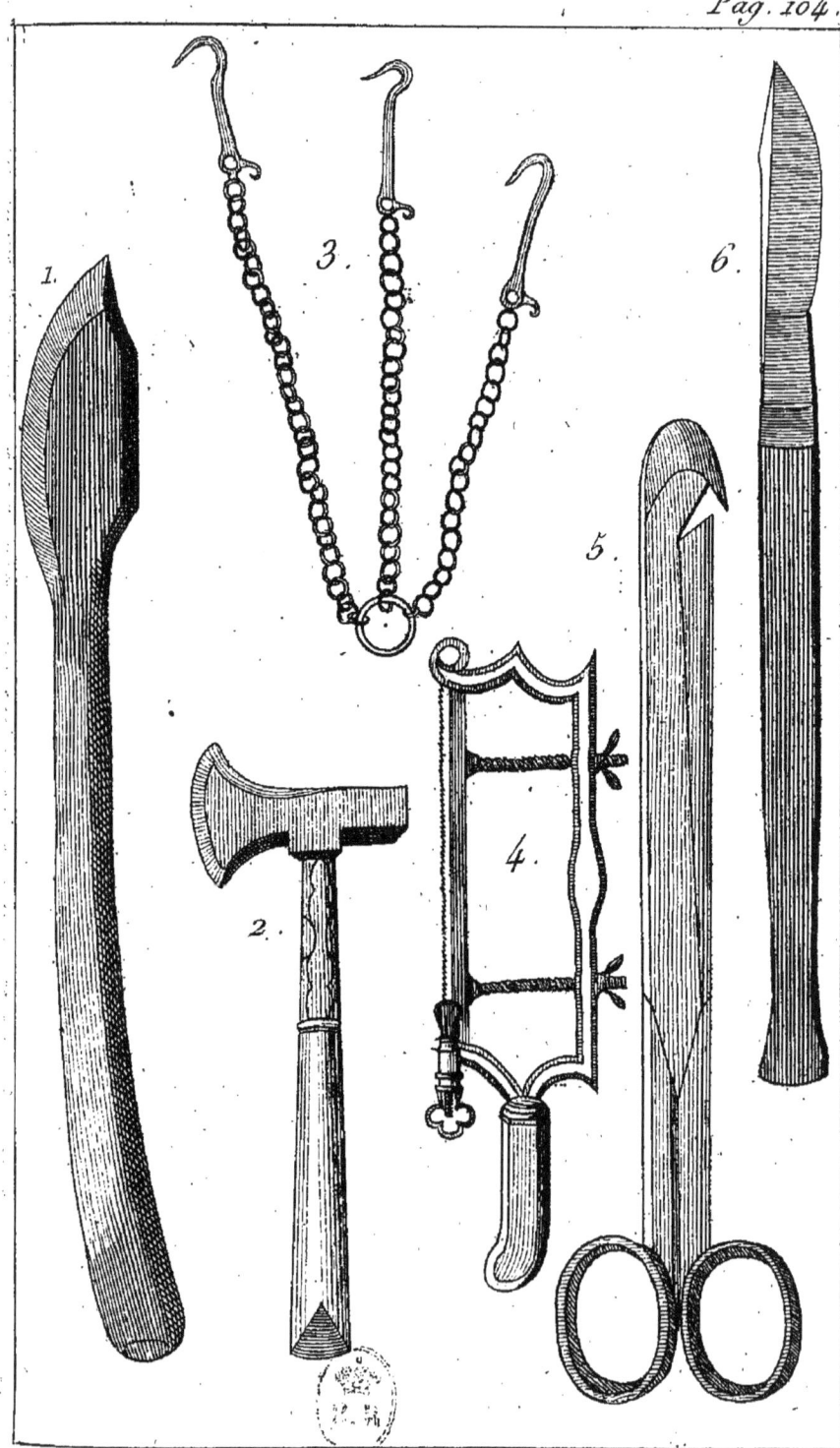

Deseve del et Sculp.

Du Bec-de-Cuillère.

Cet instrument est porté sur un manche long de cinq à six pouces, et est terminé comme la cavité du bouton dont on fait usage dans l'opération de la taille. On l'emploie pour retirer une balle logée dans un espace profond, et qui présente un certain vide.

Franche-Comté en 1754, mort à Paris en 1825. Une grâce originale, une érudition facile et profonde, font distinguer les ouvrages de ce célèbre praticien. Son père, qui avait été chirurgien militaire, peu satisfait de cette profession, voulait éloigner son fils de la suivre; mais un penchant irrésistible entraînait le jeune Percy vers l'étude de la chirurgie. Il fit ses premières études à Besançon, fut gradué en 1775, et peu après chirurgien-aide-major dans la gendarmerie; en 1782, chirurgien-major du régiment de Berry, cavalerie; et, pendant la guerre, chirurgien en chef d'armée, et un des inspecteurs généraux de santé; en 1815, il quitta le service militaire, et fut replacé dans la vie civile. En 1820, il donna sa démission de professeur à l'École de médecine. Ce savant professeur était un des commandans de la Légion d'Honneur, chevalier de plusieurs autres ordres, membre de l'Institut et de la plupart des sociétés savantes nationales et étrangères. On lui reproche d'avoir trop souvent jugé, avec indulgence, les travaux qu'il était chargé d'examiner; mais ce reproche n'est-il point un éloge de son caractère? Combien d'autres sont loin d'en mériter un semblable, et voient au contraire, avec jalousie, les succès de leurs confrères!

Des Pinces.

Les pinces sont droites, elles sont composées de deux branches semblables, assemblées par une jonction passée; chacune est terminée par un bec de cuillère, semblable au précédent. A l'autre extrémité se trouvent deux anneaux pour placer les doigts. La longueur totale de ces pinces doit être de huit à neuf pouces. On s'en sert lorsque les balles sont situées trop profondément pour les atteindre avec l'extrémité du doigt. Ce fut dans la guerre du Péloponèse que l'on inventa les premières pinces extractives, nommées besulcum: Hippocrate en fit usage dans ses campagnes.

Du Tire-Fond.

Nous avons donné la description de cet instrument au mot *trépanation*. M. Percy lui donne cinq à six pouces de longueur. Sa mèche doit être mince, il faut que les pas soient bien évidés, qu'ils se renversent l'un sur l'autre, et qu'ils soient terminés par deux crochets bien aigus. On se sert du tire-fond pour retirer les balles engagées profondément dans la substance des os.

Le tire-fond était autrefois enfermé dans une canule d'acier, sa partie supérieure était terminée par un pas de vis qui s'engageait dans un écrou pratiqué à la partie supérieure de cette canule. Sa longueur était de dix à douze pouces ; la canule avait quatre lignes de diamètre, et la tige deux à trois lignes.

C'est à Jean de Gersdorf (1) que l'on doit les premiers tire-fonds bien faits.

Du Tribulcon.

Ce tire-balle, de l'invention de M. Percy, remplace tous les autres instrumens de ce genre, dont les Anciens se servaient. Il est composé de deux branches d'un pied de longueur : elles doivent être déliées, polies, et plutôt plates que rondes ; elles se terminent chacune par une espèce d'ongle, dont les bords sont mousses et minces, la fossette médiocrement écrasée, et le dedans uni.

Elles se joignent par deux surfaces planes, qui n'excèdent pas le niveau de l'instrument, et elles sont retenues ensemble par un cliquet tournant qui permet de les séparer pour pouvoir les introduire l'une après l'autre. L'une des branches est terminée à son extrémité supérieure par un anneau, et l'autre, qui doit être la branche femelle, a son anneau remplacé par une curette demi-cir-

---

(1) Gersdorf (Jean de), né en Silésie, florissait au XVIe siècle. Il est regardé comme un des restaurateurs de la chirurgie en Allemagne; il exerçait à Strasbourg.

culaire de trois lignes de profondeur, qui se décide brusquement, s'alonge peu à peu pour finir en une pointe conique; un bord élevé sur le devant, rentre insensiblement, et diminue dans la même proportion que la cavité pour disparaître avec elle.

La branche affecte une courbure douce qui n'éloigne cette curette que de trois lignes et demie au plus de l'axe de la tige. L'anneau de la branche mâle se dévisse, et porte un tire-fond qui se trouve logé dans l'intérieur de cette branche. Ainsi cet instrument, d'une grande simplicité, peut suppléer aux tire-balles de toutes espèces, aux curettes, et aux tire-fonds.

Des Tire-Balles.

Les divers tire-balles, dont se servaient les Anciens, n'étant plus en usage, il serait inutile d'en donner la description; nous parlerons seulement du tire-balles à trois branches, parce que cet instrument a pu donner quelques idées pour le brise-pierres introduit par l'urèthre. Une tige d'acier, d'un pied de longueur, est fendue à son extrémité en trois branches, dans la longueur de deux pouces, chacune de ces petites branches fait ressort, tend à s'écarter du centre, et est terminée par un cuilleron; la tige est terminée à son extrémité supérieure par un pas de vis, et s'introduit dans une canule d'acier de cinq lignes de diamètre et de dix pouces de longueur; un écrou, qui se place sur le pas de vis de la tige, la rappelle, et les trois cuillerons, serrés par l'autre extrémité de la canule, se referment après avoir saisi le corps étranger à extraire.

Des Becs-de-Corbin, de Cane, de Grue, etc.

Ces instrumens, comme les anciens tire-balles, ne sont plus en usage; ils étaient composés d'une paire de tenailles portant un ressort à l'intérieur de l'une des branches; la tenaille affectait la forme du bec d'oiseau, dont elle portait le nom. Héras de Cappadoce (1) pendant le cours des guerres qu'Auguste eut à soutenir, imagina les différens becs ou tenailles qui sont parvenus jusqu'à nous, et qu'on a modifiés de tant de façons.

---

(1) Héras de Cappadoce paraît antérieur à Celse, il vivait probablement au commencement du premier siècle de l'ère vulgaire; on croit qu'il fut disciple d'Héraclide; Galien le met au nombre des médecins les plus habiles en matière médicale. Il ne nous reste qu'un petit nombre de formules de ce médecin, entre autres celle de sa Panacée, conservée dans les œuvres du médecin de Pergame.

De l'Acantabole.

L'acantabole est une espèce de tenette dont les branches sont unies à jonction passée, elles ont dix à onze pouces de longueur, et, à partir de la jonction, elles décrivent un quart de cercle pour s'accommoder à la forme du gosier, et y aller retirer les corps étrangers; à cet effet, les extrémités sont armées d'aspérités qui, s'engageant les unes dans les autres, permettent à l'opérateur de saisir les corps qu'il veut extraire. L'autre partie des branches est garnie d'anneaux comme les ciseaux.

DES CORPS ÉTRANGERS DANS L'OEIL.

La méthode employée pour extraire les corps étrangers introduits dans les différentes parties du corps, varie suivant les circonstances et le génie de l'opérateur.

Pour extraire des corps étrangers introduits dans l'œil, on s'est servi d'une pointe de lancette, d'une aiguille à cataracte; pour extraire des parcelles de fer, la femme de Fabrice eut l'idée d'employer une pierre d'aimant; Deshays-Gendron (1) employait dans le même but un bâton

---

(1) Gendron (Claude-Deshais), né dans la Beauce,

de cire d'espagne, rendu électrique par frottement. On peut employer aussi un stylet d'argent boutonné, un morceau d'éponge fine fixé au bout d'une tige, et humecté avec de l'eau de rose et de plantin, ou bien encore une petite bande de papier roulé sur elle-même, et légèrement mouillée pour la rendre plus souple, un anneau d'or, un pinceau mouillé ou une pince.

CORPS ÉTRANGERS DANS LES OREILLES.

Les Anciens employaient un crochet obtus et légèrement courbé, pour extraire les corps étrangers introduits dans l'oreille; ils se servaient aussi d'une sonde trempée dans une substance résineuse. Albucasis (1) faisait usage d'une canule garnie de cire à son extrémité : on aspirait l'air contenu dans ce tube, pour attirer au-dehors le

---

mort en 1750, est compté parmi les plus célèbres oculistes dont la France s'honore; il fut médecin du frère de Louis XIV et du Régent; il se retira à Auteuil, dans la maison qu'avait autrefois occupé son ami Boileau, et y mourut âgé de quatre-vingt-sept ans.

(1) Albucasis (Abou'l-Kasem) naquit à Zahara près de Cordoue, où il mourut l'an 500 de l'hégire (1105-1107). Il donna le premier des dessins et des descriptions d'instrumens de chirurgie, à une époque où cet art languissait

corps étranger. On emploie ordinairement un stylet boutonné, un rouleau de papier mouillé à son extrémité, un morceau d'éponge fixé au bout d'une tige, une pince, une curette, une érigne, etc. Brambilla (1) a proposé des ciseaux à lames pointues, et coudées afin de pouvoir diviser le corps étranger. Fabrice de Hilden avait imaginé d'appliquer le tire-fond à l'extinction des corps mous, cependant il lui préférait le bec-de-cuillère, comme moins dangereux; il dilatait le conduit auditif au moyen d'un speculum.

Les corps étrangers introduits dans les fosses nasales sont retirés par les instrumens désignés ci-dessus.

---

dans l'abandon. On lui doit plusieurs découvertes ; ce fut dans ses écrits que puisèrent les écrivains du XVIe siècle. Il combattit avec force le préjugé, très-répandu à cette époque, qui attribuait des qualités supérieures à quelques métaux, comme l'or ou l'argent sur le fer; il démontra au contraire que ce dernier métal est le plus propre à la confection des instrumens de chirurgie.

(1) Brambilla (Jean-Alexandre de), né à Pavie en 1728, mort en 1800, dut plutôt à ses intrigues qu'à ses talens, les honneurs et les dignités dont il fut comblé par l'empereur d'Allemagne; ce souverain le nomma premier chirurgien et directeur de l'Académie de Joséphine. Il perdit ses dignités en 1795, et finit ses jours à Pavie, oublié même de ceux qui briguaient ses faveurs au temps de sa prospérité.

CORPS ÉTRANGERS DANS L'OESOPHAGE.

On emploie des pinces dont la forme et la dimension varient suivant les circonstances, une tige de métal solide, courbée à son extrémité en forme de croissant, et terminée par un bouton olivaire; un fil d'argent flexible, plié en anse; quelques praticiens se sont servis d'algalies ordinaires, dans les yeux desquelles ils avaient placé plusieurs brins de filasse. J.-L. Petit a proposé une tige de baleine ou d'argent, au bas de laquelle étaient fixés de petits anneaux de métal passés les uns dans les autres en manière de chaîne; il a aussi proposé d'enfermer une baleine dans une canule d'argent flexible, faite avec un fil tourné en spiral.

On emploie aussi l'acanthabole, des pinces simples, ou à bec de corbin ou de bécasse. Fabrice de Hilden faisait usage d'un crochet aplati et fort large par le bout; cette extrémité représentait une espèce de grattoir mousse : les pinces de J. Hunter et celles à gaînes de Desault sont aussi en usage. M. Rivière a inventé un instrument semblable à un petit parasol, fixé au bout d'une tige; un stylet que l'on tire le fait déployer lorsque l'instrument est introduit.

Lorsque les corps étrangers peuvent être refoulés sans dangers dans l'estomac, on emploie un repoussoir formé d'une tige de baleine ronde, de deux lignes de diamètre, sur six à huit pouces de longueur, l'extrémité est légèrement évidée; une petite boule d'ivoire ronde, de la grosseur d'une noisette, montée sur une tige d'acier ou d'argent, d'une ligne d'épaisseur, et de huit à dix pouces de longueur; les Anciens employaient des tiges flexibles de plomb; Petit, de Namur, recourbe en anneau un long fil de fer, qu'il trempe dans du plomb fondu, pour donner à cette extrémité la forme olivaire; Fabrice de Hilden se servait d'une sonde ou d'un gros stylet courbe d'argent; Heister (1) garnissait l'extrémité d'une tige de baleine avec un morceau d'éponge; Quesnay (2) renfermait cet instrument dans un

---

(1) Heister (Laurent), né à Francfort-sur-le-Mein en 1683, mort en 1758 à Helmstadt, cultiva l'anatomie, la chirurgie et la botanique avec un succès presque égal. Il fut nommé médecin en chef des troupes de la république hollandaise; il obtint une chaire à l'université d'Altdorf. Ses cours d'anatomie et de botanique rendirent son nom célèbre dans toute l'Europe. Il préféra sa tranquillité au vain éclat des cours, et refusa les offres brillantes qui lui furent faites par Pierre-le-Grand, par l'évêque de Bamberg et de Wurtzbourg, et par le duc de Holstein.

(2) Quesnay (François), né à Merei en 1694, mort en 1774, fut nommé secrétaire perpétuel de l'Académie royale de chirurgie en 1737; il suivit Louis XV dans la campagne de 1744, et acheta la survivance de la charge

boyau de mouton; Hévin (1) conseille une tige pliante d'arbrisseau; des tiges de poireau, des sondes de gomme élastique ou d'argent, des petites bougies (rat-de-cave) peuvent être utilement employés.

L'instrument dont se sert M. Dupuytren se compose d'une tige d'argent flexible, quoique résistante, longue de quarante-cinq à cinquante centimètres, et terminée d'un côté par un anneau ou par une plaque qui sert à le tenir et à le diriger, de l'autre par une petite boule sphérique qui forme son extrémité exploratrice. On doit avoir plusieurs sondes de ce genre, dont la longueur et le volume soient différens, et dont les

---

de médecin ordinaire du roi. Ce prince le recevait avec plaisir, et l'appelait son penseur; il lui donna des titres de noblesse avec cette devise : *Propter cogitationem mentis*, et trois fleurs de pensée dans ses armoiries.

(1) Hévin (Prudent), né à Paris en 1715, mort en 1789, fut nommé par Louis XV premier chirurgien des Dauphines, et plus tard du Dauphin; en 1788, il obtint la place de vice-directeur de l'Académie royale de chirurgie. Ce célèbre chirurgien était gendre de Quesnay. Hévin occupe une place distinguée dans les fastes de la chirurgie française; il possédait toutes les qualités nécessaires pour l'enseignement, ses cours brillaient pour l'ordre, la méthode et la précision. Parmi ses ouvrages, il en est un, sur le sujet qui nous occupe, intitulé : *Précis d'observations sur les corps étrangers arrêtés dans l'œsophage*.

boules présentent depuis deux jusqu'à cinq et six millimètres de diamètre. M. Dupuytren s'est servi avec succès de cet instrument, pour déterminer le degré de rétrécissement dont l'œsophage est quelquefois affecté. On a proposé de donner à cet instrument le nom de cathéter œsophagien.

Pour extraire les corps étrangers restés dans l'urèthre, on peut employer quelquefois des pinces d'une grande ténuité, et la pince de Hunter. Les corps étrangers, situés dans d'autres parties du corps, sont retirés par des opérations qui nécessitent des instrumens, dont nous avons déjà donné la description dans d'autres articles.

DES FISTULES.

Fistule lacrymale.

Les instrumens que nécessite la fistule lacrymale sont : des stylets, des canules avec des anneaux, une seringue, un bistouri.

Des Stylets.

La forme des stylets varie suivant les procédés que l'on emploie : le stylet d'Anel est d'argent, a une ligne de diamètre sur trois pouces de longueur; il est mousse à une extrémité, et percé d'un œil à l'autre, pour passer un séton. Le stylet de Méjan a les mêmes dimensions que le précédent, une de ses extrémités est boutonnée et l'autre porte un petit anneau.

D'après les procédés de Desault (1) on emploie un stylet légèrement arrondi aux deux extrémités, plusieurs autres moins gros et bifurqués d'un côté. Le stylet arrondi doit avoir six pouces de longueur, et être assez fort pour forcer les obstacles du canal nasal.

---

(1) Desault (Pierre-Joseph), né en 1744 au Magny-Vernais (Haute-Saône), mort en 1795, succéda à Moreau dans la place de chirurgien en chef de l'Hôtel-Dieu; les détracteurs de cet homme célèbre publièrent qu'il n'avait pas fait d'études classiques, et qu'il avait quitté son village à seize ans, pour venir chercher fortune à Paris, où il avait rempli les fonctions les plus abjectes dans les amphithéâtres d'anatomie. Cette absurde calomnie, qui cependant ne pourrait en rien diminuer la juste célébrité de ce praticien, n'a pas le moindre fondement : Desault fit ses études au collége des jésuites. Il se rendit à Paris en 1764. Son peu de fortune ne suffisant pas pour le soutenir pendant ses cours, il donna des leçons de mathématiques; ce ne fut qu'en 1766 qu'il ouvrit un cours d'anatomie, il n'avait alors que vingt-deux ans. Les jeunes étudians se portèrent en foule à ses leçons; les chirurgiens de Saint-Côme, qui avaient le privilége de l'enseignement, voyant leur école déserte, revendiquèrent leur droit, et firent défendre au jeune professeur de faire des cours; il les continua néanmoins, en empruntant le nom d'un médecin célèbre qui

Des Canules.

On a donné diverses formes aux canules; les canules de Laforest (1) ont deux pouces de longueur, sur une ligne et demie de diamètre à l'ouverture supérieure, près de laquelle se trouve un petit anneau, placé sur les unes à droite, et sur les autres à gauche. Ces canules sont creuses, et ouvertes aux deux extrémités. Un stylet les accompagne; cet instrument est en or ou en argent. La courbure est très-prononcée et forme presque le demi-cercle.

La canule de Desault est très-légèrement courbe, a dix-huit lignes de longueur; elle est

---

le nomma son répétiteur en 1776. Après dix années de professorat, il fut reçu membre du collége de chirurgie; peu après nommé à l'Académie royale; en 1782, chirurgien en chef de la Charité, et, en 1788, il eut la survivance de l'Hôtel-Dieu. La Révolution vint le trouver parmi ses élèves; il fut arrêté au milieu de sa leçon, d'après un mandat d'arrêt du comité révolutionnaire. Des cris d'indignation s'élevèrent, et, trois jours après, il fut rendu aux malheureux qui avaient besoin de ses secours. Chopart et lui donnèrent des soins au fils de Louis XVI; leur mort, qui arriva peu après, fit croire qu'ils avaient été empoisonnés. Ces bruits publics furent démentis par des témoignages irrécusables.

(1) Laforest était chirurgien de Paris, et membre de l'Académie royale de chirurgie.

accompagnée d'un stylet de trois pouces de longueur, servant à l'introduction de la canule, et d'une espèce d'aiguille faite avec un ressort d'acier. Elle est percée à une de ses extrémités, et garnie à l'autre d'un petit bouton d'argent; elle sert à passer les mèches. La canule de Desault est garnie à son extrémité supérieure d'un anneau, et l'inférieur est coupée en biseau.

La canule de M. Dupuytren a un pouce de longueur; son extrémité supérieure est garnie d'un bourrelet, et son inférieure est taillée en biseau comme la précédente. Elle est accompagnée de deux mandrins. L'un est arrondi à son extrémité, et doit être juste pour le diamètre de la canule; son extrémité supérieure forme un angle droit, s'étend dans une longueur de trois pouces et sert de manche.

L'autre mandrin est semblable au précédent; mais comme son usage est de retirer la canule, sa tige est fendue et forme ressort; chaque partie de ce mandrin est garnie à son extrémité d'un petit bouton sur le côté; ces boutons s'écartant lorsqu'ils ont dépassé les bords inférieurs de la canule, servent à la ramener. La canule de M. Dupuytren est aujourd'hui préférée à toutes celles dont nous venons de donner la description.

Des Palettes de Cabanis. (1)

Cet instrument est composé de deux branches de trois pouces de long, terminées par une palette garnie de petits trous. Une de ces branches est garnie à son autre extrémité de deux anneaux pour passer les doigts, et est de forme cylindrique pour recevoir l'autre branche, qui porte à son extrémité un pas de vis. Un anneau garni d'un écrou rappelle plus ou moins cette branche, et rend par conséquent les trous des palettes plus petits, puisque primitivement ils étaient parfaitement en regard.

Cet instrument est en argent, et son usage est de retirer la sonde du canal nasal.

De la Seringue.

Cet instrument est semblable aux seringues ordinaires; sa longueur est de trente lignes, sur

---

(1) Cabanis (Pierre-Jean-Georges), né à Conac en 1757, mort à Rueil, près Meulan, en 1808, fut non-seulement médecin savant, mais philosophe et littérateur distingué. Il fut lié avec les hommes les plus célèbres du siècle; une étroite amitié l'attachait à Mirabeau. Ce fut à lui que Condorcet recommanda, pour la dernière fois, sa femme et ses enfans. Il épousa la belle-sœur de cet homme célèbre, mademoiselle Charlotte de Grouchy, sœur du général de ce nom.

six lignes de diamètre. Les siphons diffèrent pour leurs formes des canules ordinaires. Une seringue est accompagnée d'un siphon droit de dix-huit lignes, par un courbe, et par d'autres siphons dont l'extrémité est terminée par une canule d'or extrêmement fine.

Cet instrument porte le nom de son inventeur; on l'appelle seringue d'Anel.

Du Bistouri.

Petit employait pour l'opération de la fistule lacrymale un bistouri portant une cannelure de chaque côté de sa lame. Cet instrument n'est plus en usage; le bistouri, employé de nos jours, est à lame droite très-étroite.

Du Porte-Sonde.

Cet instrument ressemble au porte-crayon, excepté qu'il est plus court. Le porte-sonde a deux petits anneaux à une de ses extrémités, qui doit être hors du nez ; l'autre extrémité, qui doit recevoir le petit anneau de l'algalie, ou sonde creuse, a une petite échancrure. On emploie cet instrument dans l'opération de la fistule lacrymale, pour tenir l'algalie, la placer dans le sac lacrymal lorsqu'elle est courte et qu'on veut que cette sonde soit cachée dans le nez, selon la méthode de Laforest.

DE LA FISTULE A L'ANUS.

On emploie pour opérer cette fistule les instrumens suivans : une sonde cannelée, un gorgeret, un bistouri, un stylet, des ciseaux, des aiguilles.

De la Sonde cannelée.

La sonde que l'on emploie pour cette opération est semblable à celle de la trousse, mais un peu plus longue et sans cul-de-sac.

Du Gorgeret.

Cet instrument était autrefois d'acier; depuis Desault on emploie de préférence le gorgeret en bois; corrigé par M. Percy, cet instrument diffère peu des autres gorgerets. (*Voyez Lithotomie*). Il se compose d'un corps et d'un manche; le manche a trois pouces de long, et forme un angle fortement prononcé, avec le corps qui forme un demi-cylindre conique, long de quatre pouces, et épais de deux lignes. Les bords sont renversés en dedans pour empêcher le bistouri de glisser loin de la gouttière. Le sommet est mousse, arrondi, et large de cinq lignes. La gouttière est terminée en cul-de-sac.

Le gorgeret en bois de M. Larrey est légèrement arqué sur son manche, aplati dans toute sa longueur, son extrémité présente, du côté correspondant à la convexité, une gouttière percée à son sommet d'un trou rond; ce trou sert à l'introduction d'un stylet qu'on a introduit par le trajet fistuleux.

Le gorgeret repoussoir de Desault est concave d'un côté, convexe de l'autre, et terminé par un petit cul-de-sac, percé d'un trou destiné à recevoir le fil de plomb, et creusé intérieurement d'une gouttière, le long de laquelle passe une tige de métal, qui, poussée par le bas, fixe et arrête le fil. Ce gorgeret a été modifié par M. Péan; il remplaça le trou par une ouverture en forme de T, et plaça deux anneaux propres à recevoir les doigts sur les parties latérales du manche de l'instrument, tandis que la tige, qui forme le repoussoir, en reçut pareillement un troisième, pour la pousser avec plus de facilité dans le même sens.

La palette de Cabanis, pour l'opération de la fistule lacrymale, a été adaptée au gorgeret de Desault. Ce gorgeret est percé de quatre trous, le repoussoir est également percé de quatre trous correspondans; le fil étant introduit dans ces trous, on pousse le repoussoir, et ce fil alors se trouve exactement saisi et pincé.

Le gorgeret du docteur Hyacinthe Lefèvre, chirurgien de la marine, est beaucoup plus simple; cet instrument est droit, a huit pouces de longueur et est en bois d'ébène; l'extrémité la plus large est destinée à servir de manche, et est percée d'une gouttière; son autre extrémité est terminée par une tête plate et arrondie; une gouttière est pratiquée sur une de ses faces, dont le fond est percé d'un trou qui traverse l'instrument, dont le diamètre est d'une ligne et demie. En arrière et sur les côtés de la gouttière, l'instrument se trouve creusé au niveau du trou, par une rainure qui embrasse circulairement la face convexe, et qui est destinée à recevoir un tour de fil de plomb. Cette rainure à trois lignes d'étendue, entre ses bords, sur une demi-ligne de profondeur.

On emploie le gorgeret pour protéger le rectum contre les atteintes du bistouri, et fixer dans le même temps l'extrémité non ailée de la sonde, qui conduit ce dernier pour faciliter la recherche du fil de plomb, et les manœuvres nécessaires pour l'amener au-dehors par l'anus.

Du Bistouri.

La forme du bistouri, pour l'incision de la fistule, a souvent varié; on a employé successivement le seringotôme de Gallien, le bistouri de Lemaire, le bistouri royal, ou de Félix (1), ainsi

---

(1) Félix (Charles-François), né à Paris dans le milieu du XVIIe siècle, mort en 1703 âgé à-peu-près de cinquante ans, succéda à son père dans la place de premier

nommé, parce qu'il servit à ce praticien pour opérer Louis XIV; le bistouri de Petit, celui de Bast, le bistouri herniaire caché de Garengeot, le bistouri boutonné de Pott, le bistouri rétractile de Whately, le seringotôme caché de Senff, etc., tous ces instrumens, tombés aujourd'hui en désuétude, sont remplacés par un bistouri ayant une lame longue et une forte pointe.

Des Ciseaux.

Viseman, ancien chirurgien anglais, passe pour s'être servi, le premier, de ciseaux pour l'opération de la fistule; J.-L. Petit crut devoir les rejeter, et depuis ils ne sont plus en usage. Il est de certains cas où cependant ils sont nécessaires; on emploie alors de bons ciseaux à pointes émoussées.

Des Aiguilles.

L'aiguille pour la fistule à l'anus est composée d'une tige d'argent plate et flexible, qui présente

---

chirurgien du roi, et opéra Louis XIV d'une fistule à l'anus en 1687. Ce praticien a joui d'une grande célébrité de son vivant. Il était fils de Félix de Tassy, premier chirurgien de Louis XIV; il n'a pas laissé d'ouvrages, mais l'hommage dont l'honorèrent ses contemporains, est un titre suffisant pour le recommander à la postérité.

plus de largeur vers sa tête, et qui diminue insensiblement vers sa pointe; elle n'a pas plus d'une demi-ligne d'épaisseur, mais elle a un peu plus de deux lignes de large à sa tête; sa longueur est de sept ou huit pouces, et sa tête est garnie d'une ouverture de sept lignes de longueur. L'une de ses faces est garnie d'une rainure qui se termine à quelques lignes de l'extrémité. L'ouverture est destinée à porter un séton dans la fistule, et la rainure à conduire un bistouri, s'il fallait ouvrir quelques clapiers. Cet instrument est rarement employé aujourd'hui; il est remplacé par une sonde cannelée ordinaire.

DE LA FISTULE SALIVAIRE,

DE LA RANULE, OU DE LA GRENOUILLETTE.

Ambroise Paré employait un fer rougi au feu, qu'il passait à travers une plaque percée, et qui garantissait les autres parties du contact du cautère. On a employé, pour tenir la plaie ouverte, des sondes, des canules, etc. Sabatier a employé le cautère lacrymal *(Voyez Phlébotomie)*. Monsieur Dupuytren se servait d'une canule à double tête; mais, en ayant reconnu les inconvéniens, il la remplaça par une tige arrondie, d'argent, d'or ou de platine, longue de huit millimètres, large de quatre, portant, à chacune de ses extrémités, une plaque ovoïde, légèrement convexe sur sa surface, libre et concave sur celle opposée. Cet instrument et le bistouri sont employés pour l'opération de la grenouillette.

FISTULE URINAIRE.

On emploie, pour traiter cette fistule, les sondes, les bougies en gomme élastique, et les bougies emplastiques dont nous avons donné la description au mot *cathétérisme*. Pour les rétrécissemens, qui sont ordinairement la cause première de cette maladie, M. Ducamp (1) a imaginé plusieurs instrumens dont nous allons donner la description; ce praticien employait des bougies à ventre, des sondes, des sondes exploratrices, un conducteur, un porte-caustique et un dilatateur.

---

(1) Ducamp (Théodore), né à Bordeaux en 1793, mort en 1823, a consacré le peu de temps qu'il a passé sur la terre, à soulager les malheureux affectés de maladie des voies urinaires, et s'est acquis, dans le traitement de ces infirmités, une réputation justement méritée. M. Pasquier fils, qui a hérité de l'habileté et de la persévérante assiduité de ce jeune praticien, traite aujourd'hui ces maladies avec un égal succès.

De la Sonde exploratrice.

Cet instrument est composé d'une sonde droite en gomme élastique, sur laquelle sont tracées les divisions du pied; cette sonde est garnie, à son extrémité, d'un bourrelet de cire du même diamètre et de deux lignes et demie de longueur. Ce bourrelet est maintenu par un cordonnet qui traverse l'intérieur de la sonde dans toute sa longueur, et qui est attaché à l'autre extrémité. Cette sonde sert à faire connaître à quelle profondeur se trouve l'obstacle, et sa forme.

Du Conducteur.

Cet instrument est semblable au précédent, son extrémité est fermée par un bouchon de cire et de soie, qui se modèle sur la forme du rétrécissement, l'extrémité étant ouverte, permet l'introduction d'une bougie, et la dirige dans le canal.

Du Porte-Caustique.

Cet instrument se compose d'une canule de gomme élastique très-flexible, de huit pouces de longueur, (n° 7 ou 8), et d'une douille de platine de six lignes de longueur, et de même grosseur que le tube de gomme élastique. Cette douille porte intérieurement dans une ligne d'étendue, un pas de vis sur lequel se monte un tube de gomme élastique. A une ligne au-dessous de cette vis et intérieurement, cette douille, dans la moitié de sa circonférence, présente deux arêtes saillantes qui se prolongent jusqu'à son extrémité, en laissant entre elles, de chaque côté, et sur deux points diamétralement opposés, une partie vide qui forme, de bas en haut, une coulisse. Un cylindre de cinq lignes de longueur et d'une ligne de diamètre, supporté par une bougie de gomme élastique de huit pouces et demi de longueur, complette l'instrument. Ce cylindre de platine porte, à quatre lignes de son extrémité antérieure, une goupille qui le dépasse d'un quart de ligne de droite et de gauche; à une demi-ligne au-dessus de cette goupille, il porte, dans deux lignes d'étendue, une rainure profonde ayant à-peu-près un quart de ligne de largeur, destinée à recevoir le caustique.

Du Dilatateur.

Cet instrument est composé d'un appendice vermiculaire du cœcum, ou un morceau de boyau de chat, préparé par un boyaudier; cet appendice est fixé, à son cul-de-sac, sur une tige d'argent avec de la soie. Cette tige est introduite, avec l'appendice, dans une canule d'argent de huit à neuf pouces de longueur; l'extrémité libre de l'appendice est fixée, avec de la soie, sur une rainure pratiquée sur cette sonde. L'autre extrémité de cette canule est terminée par un pavillon muni d'un pas de vis pour recevoir une seringue garnie d'un robinet. Cette seringue sert à gonfler l'appendice lorsque l'appareil est introduit dans l'urèthre.

DU FILET OU FREIN.

Les premiers instrumens que l'on ait employés pour pratiquer cette opération, sont une paire de ciseaux à pointes mousses, et une fourchette à deux branches terminées par un bouton; elle sert à maintenir la langue élevée, pendant que l'on incise la membrane. Cette manière d'opérer, qui occupe les deux mains de l'opérateur, a été remplacée par un instrument de l'invention de J.-L. Petit; il consiste en une plaque d'argent repliée sur elle-même, elle est fendue à l'endroit du plis, pour laisser entrer le filet; une lame de bistouri, placée sur cette plaque, et poussée par un ressort, lorsqu'on appuie sur une bascule, glisse sur cette plaque, et tranche le filet. J.-L. Petit s'étant aperçu que le bistouri ne remplissait pas toujours l'effet qu'on en attendait, l'a remplacé par des ciseaux; une branche des ciseaux porte une plaque d'argent recourbée

FISTULES.

Explication de la Planche.

Fig. 1. Bistouri très-étroit, pour la Fistule lacrymale.
    2. Plaques ovoïdes, pour les Fistules salivaires.
    3. Canule de Desault, pour la Fistule lacrymale.
    4. Mandrin de cette canule.
    5. Ressort à passer les mèches.
    6. Canule de M. Dupuytren, pour la Fistule lacrymale.
    7. Mandrin pour introduire cette canule.
    8. Mandrin pour retirer la canule.
    9. Gorgeret en ébène, de M. le docteur Félix, pour les Fistules à l'anus.

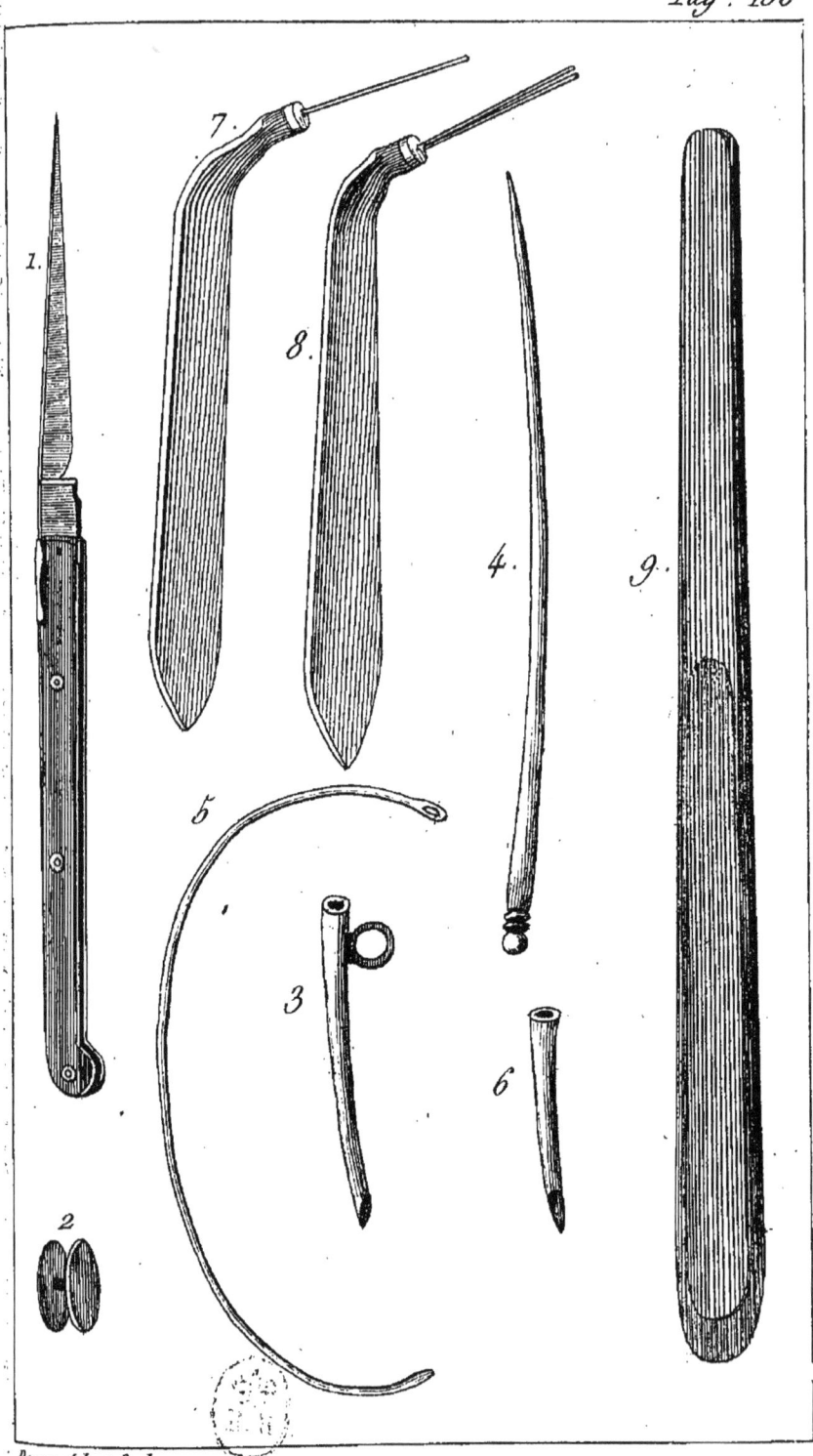

par dessus son extrémité, et fendue comme la précédente, l'autre branche mobile, en se fermant sur l'autre, passe devant la fente de la plaque, et coupe le filet. Les branches de ces ciseaux n'ont point d'anneaux, et sont faites en pinces; un ressort est placé sur la branche qui supporte la plaque.

Péan se servait d'un petit bistouri courbe, tranchant sur sa concavité; ce petit instrument, monté sur un manche en nacre ou en ivoire, est une espèce de déchaussoir dont on se sert pour les gencives.

Pour remplacer ces divers instrumens, on peut se servir d'un bistouri ordinaire et de la plaque fendue d'une sonde cannelée.

DE LA HERNIE.

Pour débrider la hernie, on emploie le bistouri, plusieurs sondes cannelées flexibles, et des pinces à disséquer; pour la contenir, on fait usage de divers bandages.

Du Bistouri.

On a beaucoup varié la forme du bistouri pour opérer le débridement, quelques praticiens emploient encore le bistouri ordinaire, conduit sur la sonde cannelée ou sur la sonde ailée de Méry (1); d'autres se sont servis du bistouri caché attribué à tort à Bienaise (2). J.-L. Petit faisait usage d'un bistouri boutonné à son extrémité, et dont le tranchant, préparé avec une lime, ne pouvait couper que les parties très-tendues, et ménageait celles qui étaient molles. On se sert encore du bistouri de Polt et de celui de Cowper. (*Voyez Trousse.*)

M. Dupuytren emploie le bistouri courbe, boutonné et convexe sur son tranchant.

M. Richerand se sert d'un bistouri dont le tranchant est mousse jusqu'à six lignes de la pointe, et terminé par un petit bouton ovalaire.

M. Chaumas a fait construire un nouveau

---

(1) Mery (Jean), né à Vatan, dans le Berry, en 1645, mort en 1722; cet anatomiste célèbre fut nommé chirurgien de la reine en 1681, et, deux ans après, chirurgien-major des Invalides; en 1700, il fut fait premier chirurgien de l'Hôtel-Dieu. On lui reproche l'âpreté de ses formes et le ton peu mesuré qu'il employait dans les discussions.

(1) Bienaise (Jean), né à Mazères, dans le comté de Foix, en 1601, mort en 1681, eut la réputation d'habile opérateur, et acquit, par ses travaux, une fortune considérable, dont il fit un noble usage. Il suivit deux fois Louis XIV dans ses campagnes de Flandres, et déclara avec franchise à ce monarque que le cancer que portait la reine sa mère était incurable.

bistouri herniaire qui a reçu déjà l'approbation de plusieurs praticiens ; il est concave, tranchant dans une étendue de sept à huit lignes seulement près de sa pointe, et toute sa partie tranchante fait corps avec une plaque elliptique qui termine le dos de l'instrument, dont elle suit la courbure, et qui le dépasse dans tous les sens ; c'est une espèce de bistouri ailé.

Des Bandages.

Les bandages élastiques sont plus ordinairement employés pour contenir les hernies ; ils sont composés d'une bande d'acier, dont la courbure s'adapte à la forme du corps autour duquel on la place ; cette bande d'acier est garnie de bufle, de peau ou de futaine. M. Lasserre, fabricant d'instrumens en gomme élastique, a proposé de la recouvrir de cette substance ; on prétend que des bandages ainsi recouverts, sont à-la-fois plus frais que les autres, et tout-à-fait inaltérables. L'une des extrémités du bandage porte une pelotte, qui doit être légèrement convexe. On fait des bandages pour le côté gauche et pour le côté droit ; quelquefois un bandage double est nécessaire : il porte deux pelottes réunies.

De la Vauguyon proposa, pour l'exomphale, un bandage fait avec un fil de fer double, dont une des branches doit s'élever de bas en haut.

Théden recommandait une ceinture préparée avec des bandelettes de gomme élastique. Suret imagina une pelotte, contenant deux ressorts de montre roulés en spirale, renfermés dans un barillet, et fixés chacun à l'une des deux courroies, qui peuvent, de cette manière, se raccourcir et s'alonger librement. M. Mouton a inventé une ceinture formée de deux tissus de coutil, au milieu desquels on place trois ressorts à boudins ou trois fils de laiton contournés en spirale. Cette ceinture s'attache par trois petites boucles, qui répondent à la face externe de la pelotte placée sur l'épine dorsale, et qui reçoivent trois petites courroies situées à l'autre extrémité du bandage; on peut encore maintenir ce bandage en y ajoutant deux petites bretelles.

On a aussi employé un fort corset baleiné, fixé derrière le dos, par des boucles et des courroies; on fait usage de ce corset lorsque l'exomphale, trop volumineuse, ne peut être contenue par un simple bandage.

On emploie un pessaire pour contenir la matrice. Cet instrument est un ovale aplati et percé d'un trou au milieu; il a ordinairement deux pouces de diamètre sur six à huit lignes d'épaisseur. On faisait autrefois les pessaires en liége recouvert de plusieurs couches de cire; ils sont remplacés maintenant par ceux en gomme élastique.

Jean Bauhin (1) et Saviard inventèrent des pessaires pour suppléer à l'insuffisance de ceux dont on se sert ordinairement; celui de Bauhin consistait en un cercle d'argent supporté par une tige à trois branches. Le cercle introduit dans le vagin y était maintenu par un ruban attaché à la tige de l'instrument.

Le pessaire de Saviard était un ressort d'acier dont une des extrémités était fixée à une ceinture, pendant que l'autre, garnie d'un petit écusson, se recourbait jusqu'au dedans du vagin et retenait la matrice dans sa situation naturelle.

HYDROCÈLE.

On emploie, pour cette opération, une lancette, un bistouri, un trois-quarts.

---

(1) Bauhin (Jean), né à Amiens en 1511, mort en 1582, fut médecin de Catherine, reine de Navarre; ayant embrassé la religion réformée, il fut emprisonné à Paris, jugé et condamné à être brûlé vif; il ne dut la vie qu'à l'intercession de Marguerite, sœur de François Ier, qu'il avait guérie, peu de temps auparavant, d'une maladie grave. Continuellement poursuivi, il se retira en Suisse, qui s'honora de le posséder, et laissa deux fils dont la France aurait pu s'énorgueillir, sans l'aveugle fanatisme qui les força d'adopter une autre patrie.

Nous avons donné la description du trois-quarts au mot *Ponction*. Pour prévenir les difficultés que l'on éprouve quelquefois en perçant l'hydrocèle avec le trois-quarts ordinaire, on a imaginé de donner à cet instrument une forme aplatie. Bell conseillait d'inciser premièrement dans une étendue de treize millimètres, avec le talon d'une lancette.

D'après le procédé de Polt (1), on emploie 1° un trois-quarts dont la canule a neuf millimètres de diamètre; 2° une autre canule d'argent dont la longueur est de treize centimètres et demi, et la grosseur telle qu'elle peut entrer dans la canule du trois-quarts; 3° une sonde longue de près de dix-huit centimètres, garnie d'un côté d'une pointe d'acier semblable à celle d'un trois-quarts, et de l'autre d'une ouverture pour recevoir un séton.

---

(1) Polt (Percival), né à Londres en 1713, mort en 1788, opéra, dans la chirurgie anglaise, une révolution profitable à l'humanité souffrante. Les leçons de ce chirurgien célèbre lui acquirent une célébrité justement méritée.

DE LA LITHOTOMIE. (1)

On a varié les instrumens nécessaires à cette opération, suivant les divers procédés que l'on a employés. Nous allons donner leur description suivant chaque procédé.

Du petit Appareil.

Cette méthode fut appelée méthode de Celse (2), parce que cet auteur est le premier qui l'ait décrite, ou méthode de Gui de Chauliac, parce que ce praticien la releva du discrédit où elle était tombée. Ce n'est qu'au commencement du seizième siècle, temps auquel le grand appareil fut inventé, qu'elle prit le nom de *petit appareil*, à

---

(1) Plusieurs praticiens de nos jours ont jugé cette dénomination impropre, puisqu'il ne s'agit pas de tailler la pierre, comme l'indique l'étymologie du mot. On a proposé le mot de cystotomie; mais l'usage a prévalu sur le bon sens, et le mot de lithotomie est resté.

(2) Celsus (Aurélius-Cornélius), vécut sous les règnes d'Auguste, de Tibère et de Caligula, cent cinquante ans environ avant Galien. On n'a pu déterminer quelle fut sa profession; le grand nombre des matières qu'il a traitées, et l'habileté qu'il a montrée dans chaque science laisse dans le doute. Son traité de médecine, le seul de ses

raison du petit nombre d'instrumens nécessaires à cette opération ; un bistouri et une curette. Le bistouri doit avoir un tranchant convexe et bien affilé. (*Pour la description de cet instrument, voyez Bistouri.*)

La curette (1) a sept pouces de longueur, le manche compris; ce manche est ordinairement en bois d'ébène, taillé à pans, il a environ trois pouces cinq lignes de longueur; l'autre partie de l'instrument est une tige d'acier exactement ronde, se terminant par une espèce de cuillère fort alongée, plus large à son milieu qu'aux extrémités; elle peut avoir deux pouces quatre lignes de longueur, et six lignes de large dans l'endroit le plus évasé; elle forme une courbure sensible, ses bords sont mousses, mais sa cavité est garnie de dents. On exige dans cet instrument que l'extérieur de la cuillère, ainsi que ses bords, soient exactement polis.

---

ouvrages qui nous soit resté, ferait croire qu'il exerça cette profession; mais, comme l'a dit Quintilien, d'après ses autres ouvrages, on pourrait croire également qu'il fut agriculteur, rhéteur ou homme de guerre. Son ouvrage sur la médecine est divisé en huit livres, et présente le tableau le plus parfait de la médecine des Anciens, le style en est concis, clair et élégant.

(1) Cet instrument est décrit, dans Garengeot, sous le nom de crochet.

La méthode du petit appareil n'est plus en usage, à moins que ce ne soit pour de très-jeunes enfans.

Du grand Appareil.

Cette méthode n'a été ainsi nommée que parce qu'elle exige un plus grand nombre d'instrumens que le petit. On l'appelle aussi *Sectio Mariana*, de Marianus Sanctus (1), qui en a donné la première description : il était élève de Nowani, qui en était l'inventeur. Les instrumens nécessaires à cette opération sont : le cathéter, le lithotome, deux conducteurs, l'un mâle, l'autre femelle, ou le gorgeret, les tenettes et le bouton, et le dilatateur.

Du Cathéter.

Cet instrument est une tige solide en acier, qui, par sa longueur, sa grosseur et sa courbure, ressemble aux algalies dont on se sert pour sonder la vessie. Sur sa convexité règne une cannelure bien évidée, d'une bonne ligne de large, dans laquelle doit glisser le lithotome. Cette cannelure se prolonge jusqu'à trois ou quatre

---

(1) Marianus Sanctus exerçait la médecine, à Rome et à Padoue, vers l'an 1500.

lignes de l'extrémité de l'instrument qui est arrondie. Le manche est formé par une plaque de même métal, ordinairement en forme de cœur. Pouteau avait fait terminer son cathéter par un anneau, afin de donner plus de facilité pour le tenir. Lecat conserva la plaque, mais l'étendit davantage pour le même motif.

Cet instrument doit être droit dans les deux tiers de son étendue; à partir de ce point, il décrit un arc d'ellipse très-bombé. Rau donnait au sien une courbure plus prononcée et un bec plus alongé. Le frère Jacques employait un cathéter sans cannelure; mais d'après les avis de Méry et de Duverney (1), il adopta ce changement.

On exige dans cet instrument qu'il soit en bon acier, d'une force convenable, pour que sa courbure soit invariable, et qu'il soit exactement poli. Sabatier rapporte qu'il fut très-embarrassé, en taillant un malade, parce qu'il se trouva dans la cannelure une paille qui arrêta le lithotome.

---

(1) Duverney (Joseph-Guichard), né à Fleurs en Forez en 1648, mort en 1730, devint un anatomiste célèbre; il reçut le bonnet de docteur à Avignon en 1667; il fut reçu membre de l'Académie des Sciences en 1674, et fut chargé d'aller disséquer des poissons sur les côtes de la Basse-Bretagne et de Baïonne. L'anatomie et la physiologie furent les seules branches de la science médicale qu'il cultiva; il se livra, jusqu'à la fin de sa longue carrière, à l'étude de la nature.

Du Lithotome.

Cet instrument est une espèce de bistouri dont la forme a souvent variée; il est ordinairement à double tranchant, l'un est peu convexe et l'autre légèrement concave. Cette lame est enfermée dans une châsse mobile comme celle des lancettes; l'opérateur l'assujettit en tournant autour de la châsse une bandelette, et ne laissant à découvert qu'un pouce de tranchant; c'est pourquoi Garengeot conseille de ne pas prolonger ces tranchans jusqu'au talon, mais de les arrêter avant, afin qu'ils ne puissent pas couper la bande sur laquelle appuie l'opérateur.

Le lithotome du frère Jacques (1) était un bistouri ordinaire dont la lame était très-longue.

Le lithotome de Cheselden, ou couteau de Cheselden (2), est un petit couteau dont la lame est

---

(1) Frère Jacques, né en 1651, dans un hameau appelé l'Etendonne, et mort en 1714.

(2) Cheselden (Guillaume), né en 1688, à Sowerby, dans le comté de Leycester, mort en 1752, fut un des chirurgiens les plus distingués de son temps; la reine d'Angleterre le choisit pour son premier chirurgien, et le nomma chirurgien de l'hôpital St.-Thomas de Londres. Son nom est attaché à l'opération de la cataracte et à celle de la taille.

courte, étroite et polie; elle est fixée d'une manière immobile sur son manche; son tranchant est très-convexe et le dos concave, afin d'en faire prononcer davantage la pointe. Cet instrument ne coupe qu'à quelques lignes de sa pointe. M. Dubois préfère cet instrument au lithotome; mais le dos est droit, au lieu d'être concave.

Le lithotome à rondache de Ledran, avait neuf, six ou quatre lignes de largeur; il était fait d'une lame droite d'acier de six pouces de longueur; le tranchant ne commençait qu'à huit ou neuf lignes de son extrémité.

Le lithotome de Lecat était cannelé sur une de ses faces. Cet instrument et beaucoup d'autres n'étant plus en usage, nous n'en donnerons pas la description.

Le lithotome caché du frère Côme (1) a neuf pouces et demi de longueur; sa lame est longue de quatre pouces trois lignes, et légèrement

---

(1) Baseilhac (Jean), connu sous le nom de frère Côme, né à Poëjastruc, près de Tarbes, en 1703, mort en 1781, obtint des succès si brillans, que bientôt il fut l'un des praticiens les plus répandus de Paris; sa réputation s'étendit presque chez l'Etranger. Ce célèbre praticien était entré aux Feuillans, en 1729, sous le nom de frère Jean de Saint-Côme. Sobre et austère, il refusait pour ses soins l'offrande du pauvre, et acceptait celle du riche; pour la consacrer à élever un hospice pour ceux qui n'avaient pas le moyen de se faire tailler chez eux.

convexe sur le tranchant; elle est cachée par une gaîne terminée par une pointe mousse, elle en sort en pressant sur une bascule, et elle s'en éloigne jusqu'au moment où cette bascule vient poser sur le manche. Pour rendre cet instrument convenable pour tous les âges, on a imaginé de le faire tourner sur son manche; il est taillé à pans inégaux au nombre de six, d'où il résulte, que suivant que l'on place la bascule vis-à-vis d'un pan plus ou moins élevé, la lame s'éloigne plus ou moins de la gaîne. Ces pans doivent produire l'écartement de la lame de la gaîne, dans cette proportion, cinq, sept, neuf, onze, treize et quinze lignes. La gaîne est en argent; la lame doit être en bon acier, et le tranchant bien affilé.

Vacher apporta quelques modifications à cet instrument. La gaîne était partagée en deux parties, de manière que l'une servait de modérateur pour diriger l'incision, et l'autre restait dans la vessie pour servir de conducteur aux tenettes. Ces changemens n'ont pas eté adoptés.

On a encore apporté quelques modifications heureuses au lithotome du frère Côme : le manche ne tourne plus; mais une vis de rappel, introduite dans son intérieur, avance ou recule un élévateur sur lequel vient poser la bascule. Cet élévateur se promène sur le manche, qui porte une échelle graduée pour indiquer les degrés d'ouverture de la lame. De cette manière on n'est plus borné à six ouvertures; mais on peut les graduer à volonté.

Le lithotome employé par M. Dupuytren, a deux lames qui rentrent dans la gaîne, l'une sur l'autre; elles sont courbées sur leur plat : deux bascules les font sortir à droite et à gauche de la gaîne. Le manche est en forme de poire et se promène sur une vis; son éloignement plus ou moins grand de l'origine de la gaîne, produit l'écartement des lames, les deux bascules venant poser sur les points plus ou moins élevés de ce manche.

Des Conducteurs.

Les conducteurs sont deux sondes d'acier, droites; le corps, rond en dehors, est plat en dedans, et est surmonté de ce côté par une vive arête qui règne sur toute leur longueur; elles sont terminées par une espèce de croix aplatie qui leur sert de manche. L'autre extrémité, qui est différemment terminée, les fait distinguer en conducteur mâle et conducteur femelle. Le conducteur mâle se termine par une languette polie et arrondie, ce qui lui donne la facilité de glisser dans la rainure du cathéter. Le conducteur femelle se termine par une échancrure profonde. Ces instrumens sont remplacés par le gorgeret.

Ces conducteurs servent à conduire les tenettes dans la vessie.

Du Gorgeret.

Sabatier attribue l'invention de cet instrument à Fabrice de Hilden; mais d'autres praticiens en donnent l'honneur au célèbre opérateur de Crémone, Jean de Romani. Cet instrument, comme beaucoup d'autres, a subi de grands changemens.

Le gorgeret simple est composé d'un corps et d'un manche : il est en acier, épais d'une ligne; son corps représente un canal ou une gouttière, de cinq pouces de longueur; à son commencement, cette gouttière doit avoir huit lignes de diamètre sur trois et demie de profondeur; elle va légèrement en diminuant, et se termine par une petite crête qui s'élève doucement au milieu du fond de la gouttière. Elle doit avoir seize lignes de largeur dans le canal, et près de deux lignes de hauteur en sortant de ce même canal, où elle forme une languette de quatre lignes de long sur deux et demie de large, recourbée de dehors en dedans, plate sur les côtés, arrondie par le bout, et semblable à celle du conducteur mâle. La forme du manche varie selon la volonté du praticien; il est en même métal; quelquefois on lui donne la forme d'un cœur, celle d'un anneau, ou bien encore celle d'une croix. Afin que cet instrument soit approprié à tous les âges, on en fait sur trois dimensions. Perret en faisait de six dimensions; ils différaient les uns des autres de six lignes de longueur et de deux de largeur : le plus grand avait six pouces de gouttière sur douze lignes de large près du manche. Le plus petit avait seulement trois pouces et demi de gouttière sur six lignes de large.

Le gorgeret de Foubert sert à la fois de dilatateur et de conducteur des tenettes; il est composé de deux branches jointes ensemble par une charnière; le manche est remplacé par deux branches semblables à celles des pinces; à l'une d'elles est un ressort qui tient l'instrument fermé. Ce gorgeret n'est pas en usage.

Le gorgeret de Thomas s'adaptait par deux tenons sur la tige du lithotome.

Le gorgeret de Lecat, pour la taille de la femme, au lieu d'avoir une crête à son extrémité, se termine par une sonde creuse de quinze lignes; son manche est en forme de croix.

Le gorgeret de Bromfield (1) est composé de deux gorgerets, dont les cannelures sont en regard, et dont l'extérieur porte sur sa concavité

---

(1) Bromfield, célèbre chirurgien anglais né en 1712, et mort en 1792.

une lame tranchante, fixée solidement par deux vis. Le manche du gorgeret extérieur est droit, et semblable aux manches de couteaux à soie plate. Celui du gorgeret intérieur est courbé à angle obtus, et de même métal que le gorgeret. L'extrémité antérieure du premier est mousse, arrondie, et n'a point de crête, celle du second est terminée par un bouton olivaire, incliné du côté de la cannelure ; ses bords sont garnis d'une rainure servant de guide et de conducteur pour le gorgeret qui porte la lame.

Le gorgeret d'Andouillet est un gorgeret ordinaire, fendu dans sa longueur pour donner passage à une lame qui s'adapte dessus ; on se sert de cet instrument pour augmenter l'ouverture de la vessie, sans être obligé de retirer les tenettes.

Le gorgeret de Hawkins (1) a cinq pouces et demi de long, sur un pouce de large à sa base, il va toujours en diminuant jusqu'à sa pointe, où il n'a plus qu'un tiers de son diamètre primitif, et se termine par un stylet, saillant au-delà de l'extrémité. Ce gorgeret est tranchant dans presque toute sa longueur du côté droit, et il est mousse et obtus de l'autre ; le manche aplati est courbé à angle droit avec le corps, et jeté sur le côté

---

(1) Hawkins (César), célèbre chirurgien de Londres.

gauche. Cet instrument fut introduit en France par Louis, et en Allemagne par Hausmann (1); mais l'usage en fut abandonné pour reprendre le lithotome caché.

Le gorgeret de Hawkins a été modifié par Cline (2) : son gorgeret à cinq pouces de long, depuis la poignée jusqu'à l'extrémité du bec, et un pouce de large; le bec, au lieu de se trouver entre les deux bords, n'est que la continuation de l'un d'eux. L'autre bord, mousse dans les trois quarts environ de sa longueur, s'incline ensuite en angle obtus, et se joint au bec formant avec lui un angle fort aigu. Depuis l'origine du tranchant, lequel est entièrement plat, jusqu'à celle de la poignée, la largeur du gorgeret est toujours la même, de sorte qu'il represente une sorte de carré long, dont l'un des petits côtés aurait été surbaissé au grand côté inférieur. La gouttière est plane, mais assez profonde pour y conduire les tenettes. La longueur de la poignée est de quatre pouces.

---

(1) Hausmann (Jean-Étienne), né à Brunswick en 1754, mort en 1784, était professeur d'anatomie et de chirurgie dans sa ville natale; il reçut le bonnet de docteur à Gœttingue.

(1) Cline, chirurgien de Londres.

Charles Blicke (1), Frédéric Michaelis (2), Frédéric Frank (3), et notre célèbre Desault, modifièrent aussi l'instrument d'Hawkins.

La lame du gorgeret de Desaulte ne conserve qu'une légère courbure, nécessaire à l'introduction des tenettes. La largeur de l'extrémité tranchante, comparée à celle de la lame dans sa partie inférieure, est beaucoup plus considérable que dans l'instrument d'Hawkins. Le manche est placé dans la même direction que la lame, au lieu de s'incliner latéralement. A la place du stylet, se trouve une vive-arête, dont la forme et la grosseur doivent être exactement analogues à la cannelure du cathéter. Le tranchant est borné au tiers antérieur du bord, qui s'arrondit et devient mousse dans la partie postérieure. Enfin la vive-arête, au lieu de partager également la partie antérieure de la lame, est placée beaucoup plus à gauche, laissant à la partie droite plus de largeur, et lui donnant par là plus de facilité pour

---

(1) Charles Blicke, chirurgien de Londres.

(2) Frédéric Michaelis, professeur de Marbourg, né à Gœttingue en 1754, mort en 1786, était fils d'un des plus célèbres orientalistes de l'Allemagne. Il prit le grade de docteur à Strasbourg. Il visita la France et l'Angleterre, enseigna la médecine et l'anatomie au collége de Cassel, et obtint une chaire à l'université de Marbourg.

(3) Chirurgien allemand.

l'incision. Desault avait des gorgerets de trois grandeurs, pour les différens âges : de cinq pouces de long sur onze à douze lignes de large, pour les adultes; de quatre pouces et demi de long sur neuf à dix lignes de large, pour les jeunes gens; et de trois pouces de long sur sept à huit lignes de large, pour les enfans.

L'usage du gorgeret est de servir à conduire les tenettes dans la vessie, lorsqu'on ne veut pas se servir de conducteur. On exige dans cet instrument, comme dans le cathéter, qu'il soit d'acier pur et parfaitement poli.

Des Tenettes.

Les tenettes sont de grandeur et de forme différentes, il y en a de droites et de courbes, de grandes, de petites et de moyennes, pour correspondre aux différens âges des malades, et aux différentes situations de la pierre.

Les tenettes sont composées de deux pièces qui ont la figure de deux S fort alongées, réunis par une jonction à rivure perdue; cette jonction se trouve aux deux tiers des anneaux, et à un tiers de l'extrémité de la pince. Les branches des tenettes vont en diminuant de grosseur, depuis leur jonction jusqu'à leurs extrémités, qui se recourbent pour former deux anneaux; les mors ou cuillerons doivent être légèrement courbes, garnis d'aspérités en dedans, surtout à leurs extrémités, et disposés de façon qu'ils ne puissent approcher entièrement l'un de l'autre. Les grandes tenettes, depuis l'anneau jusqu'à l'extrémité des pinces, ont neuf à onze pouces de longueur; la plus grande largeur des cuillerons est de neuf lignes. La grandeur de cet instrument dépend de l'âge des sujets; les plus grandes ont dix à onze pouces, et les plus petites ont six pouces et demi. Il y a des tenettes dont les mors s'approchent dans toute leur longueur : on les appelle à bec de canne; on s'en sert pour l'extraction des pierres de petite dimension. D'autres ont les mors courbés; on s'en sert pour les pierres situées dans le bas-fond de la vessie, ou derrière le pubis. La plus grande dimension des tenettes de Cline, pour les adultes, est de huit pouces, et l'axe se trouve exactement au milieu.

L'écartement des branches étant une grande imperfection de cet instrument, on y a remédié en inclinant les deux branches l'une vers l'autre, de manière à ce qu'elles ne représentent qu'une tige unique; on a même été plus loin : ces branches ont été aplaties d'un côté à l'autre, et croisées à leur tour, de telle sorte qu'elles sont de niveau, alors que les cuillères sont presque à demi ouvertes. Ces instrumens, en présentant ces avantages, ne doivent perdre en rien de leur solidité, point essentiel.

L'usage des tenettes est de saisir la pierre dans la vessie pour la tirer dehors : elles doivent être exactement polies, et principalement les angles de leur entablure; elles doivent être en bon acier, et d'une trempe qui ne soit ni trop dure ni trop molle.

M. Tenon ajouta aux tenettes ordinaires une lame de bistouri qui sortait en appuyant sur une bascule; on s'en servait dans le cas où le volume de la pierre exigeait une plus grande ouverture pour sa sortie.

La tenette à briser les pierres dans la vessie par la compression des branches, est une forte tenette dont les mâchoires sont limées à plat, dans leur intérieur, et sur lesquelles sont ajustées deux dents carrées et de forme pyramidale; le frère Côme voulait que ces dents fussent à vis, afin que l'on n'en mît que la quantité jugée nécessaire.

Bromfeil, anglais, inventa une tenette à quatre branches, pour l'extraction des pierres épineuses; les deux branches auxiliaires sont ajustées de manière à pouvoir s'appliquer commodément à la tenette.

Lecat a inventé une tenette pour les pierres friables; ce sont deux branches qui s'ouvrent parallèlement, et qui peuvent être fixées de degré en degré, depuis une ligne jusqu'à trois pouces; elles peuvent contenir la pierre avec fermeté, et la conserver entière malgré la friabilité.

Du Bouton.

Le bouton est une longue tige d'acier, terminée d'un côté par un bout arrondi, et de l'autre par une espèce de cuillère ; il porte sur sa longueur une vive-arête semblable à celles qui règnent le long des conducteurs. La longueur de cet instrument est de huit pouces deux lignes.

On s'en sert pour retourner les pierres mal chargées dans les tenettes et pour entrer dans la vessie après la sortie d'une pierre, lorsqu'on veut s'assurer s'il n'y en a point d'autres.

Du Dilatateur.

Cet instrument est composé de deux branches d'acier parallèles, longues et convexes en dehors, unies dans leur milieu par une charnière qui tient les branches également écartées l'une de l'autre.

Le dilatateur du vagin, ou *speculum matricis vel uteri*, est composé de trois branches, qui, rapprochées, forment un cylindre parfait : deux de ces branches sont portées sur deux tiges d'acier qui se réunissent pour former un pas de vis. Une vis qui s'y introduit approche ou éloigne un bras transversal, auquel est joint la troisième branche de ce cylindre.

Le *speculum uteri* de M. Récamier, est un tube en étain, dont le calibre est proportionné à l'ampleur du vagin; une extrémité est coupée perpendiculairement, et présente un bord arrondi ; l'autre est coupée obliquement de haut en bas, et présente une espèce de gouttière qui sert à tenir l'instrument, dont la forme est à peu près celle d'un cône tronqué. M. Dupuytren a ajouté à cet instrument une tige de cinq pouces de long, qui s'élève à angle droit du bord de son ouverture, et qui lui sert de manche. M. Dubois a fait pratiquer aussi à cet instrument une échancrure à sa région supérieure, pour rendre accessibles à la vue les fistules urinaires.

Cet instrument, précieux par sa simplicité, sert toutes les fois que l'on veut constater l'état du col utérin. Le *speculum ani*, ou dilatateur du fondement, est composé d'un cylindre de quatre pouces de longueur sur huit lignes de diamètre, s'ouvrant par la moitié, chacune est supporté par une branche de pince, qui, en le fermant, ouvre ce cylindre. Cette paire de pince à sept pouces de longueur. Le *speculum nasi* est semblable au précédent, mais sur des dimensions plus petites; le cylindre n'a que dix-huit lignes de longueur, et la pince qui le supporte quatre pouces. Ces deux instrumens ne sont plus usités.

MÉTHODE DE LE CAT.

Cet habile chirurgien donnait à ses instrumens les noms d'urétrotome, de cystitome et de gorgeret cystitome.

L'urétrotome était assez semblable au lithotome; il en différait en ce que la lame de cet instrument, fixée sur son manche, avait à sa partie moyenne et droite, une cannelure assez profonde qui s'étendait sur toute sa longueur.

La lame du cystitome, également fixée sur son manche, et tranchante des deux côtés, était plus longue, plus étroite et légèrement courbe. Il y en avait de deux espèces : l'une tranchante de la pointe au talon ; l'autre dont la lame, longue de quarante millimètres seulement, était portée sur une tige alongée.

Le gorgeret cystitome, auquel il donnait la préférence, avait la forme d'un gorgeret ordinaire, dans l'épaisseur duquel était une lame tranchante qui pouvait en sortir et y rentrer, et était maintenue au degré d'ouverture par une vis ailée.

Le cathéter était terminé par une plaque plus longue que les autres, pour pouvoir être tenu avec plus de fermeté, et la courbure en était plus basse qu'à l'ordinaire.

Le pêche-pierre était composé d'une coulisse en fer, longue de neuf pouces, dans laquelle glissait une tige d'acier; à l'extrémité de cette tige était un ressort qui, à son autre extrémité, était joint par une charnière à la coulisse en fer; on cousait, à cette partie de la coulisse et du ressort, une bourse faite de soie de Grenade. Cet instrument servait à ramasser dans la vessie des fragmens de pierre, ou de petites pierres, ou enfin de gros graviers.

Le brise-pierre était une forte tenaille dont l'extrémité, en forme de bec de grue, était taillée en dents. A l'extrémité des branches était une vis pour serrer les pinces.

Le brise-pierre par dilatation était une pince alongée que l'on introduisait dans un trou percé dans la pierre; la vis, placée à l'extrémité des branches, tendait à les écarter graduellement.

Le forêt, pour percer la pierre, était une tige d'acier dont l'extrémité était aiguisée en quatre biseaux : on le faisait mouvoir au moyen d'un archet.

PROCÉDÉ DE FOUBERT. (1)

Le trois-quarts de Foubert avait quatorze centimètres de long, et le manche neuf; ce manche était creusé sur sa longueur pour recevoir celui du couteau qui devait servir de lithotome. La canule qui renfermait le poinçon était fendue dans toute sa longueur, excepté à sa dernière extrémité, de manière à former une cannelure le long de laquelle pouvait glisser la pointe du couteau; et garnie, du côté du manche du trois-quarts, d'une large gouttière avec un anneau en dessus.

La lame du lithotome, fixe sur son manche, longue de douze centimètres, était tranchante dans toute sa longueur, et faisait, avec son manche, un angle très-obtus.

Le lithotome courbe était à tranchant sur sa partie concave, à pointe mousse et fermant à ressort.

Le gorgeret était à la fois dilatatoire et conducteur des ténettes.

Le petit bandage ou moraillon qui servait à serrer le prépuce, pour conserver la vessie pleine, était composé de deux branches élastiques jointes par une charnière, et fermées aux autres extrémités par une petite crémaillère.

---

(1) Etait membre de l'Académie de chirurgie.

PROCÉDÉ DE THOMAS. (1)

L'instrument imaginé par ce praticien était composé d'une tige longue de cent vingt-deux millimètres, montée sur un manche de même longueur. Cette tige est terminée par une pointe fort aiguë, aplatie sur deux faces, et tranchante en haut et en bas, dans une étendue de neuf millimètres. Elle était évidée comme celle du frère Côme, et renfermait comme elle une lame tranchante qui pouvait s'en écarter au moyen d'une bascule qui s'abaissait sur le manche. Ce manche ne tourne pas sur son axe; mais la bascule est garnie d'une alonge qui se meut au moyen d'une crémaillère, et qui la rend plus courte ou plus longue. La tige était surmontée d'un petit gorgeret qui s'y adaptait avec exactitude, et qui augmentait peu l'épaisseur.

POUR LA TAILLE DES FEMMES.

Les instrumens dont se sert M. le professeur Dubois sont : un couteau droit à lame étroite et

---

(1) Ce célèbre praticien était chirurgien en chef de l'hôpital de Bicêtre.

tranchante sur un seul côté; une sonde cannelée, un gorgeret et des tenettes. Nous avons déjà donné la description de ces divers instrumens.

Le lithotome de Louis, était composé de deux parties : une gaîne et une lame. La gaîne, formée de deux plaques métalliques, arrondies dans leur contour, avait assez de largeur pour cacher entièrement la lame; mais elle était surmontée d'une tige assez semblable à celle du lithotome caché, longue de trois à quatre pouces, fendue à jour, dans le même sens que la gaîne, et susceptible de recevoir la lame; cette lame, de la forme d'une feuille de myrthe, et tranchante des deux côtés, était ordinairement cachée par la gaîne; mais elle présentait en arrière une tige qui allait sortir au dehors, et se terminer en une plaque que l'on pressait quand il fallait que la lame sortît et parût entre les branches de la tige.

Leblanc (1) crut corriger le lithotome de Louis, en ne faisant la lame tranchante que d'un seul

---

(1) Leblanc (Louis), né à Pontoise, est mort à Orléans sur la fin du XVIII° siècle. Ce lithotomiste célèbre devint chirurgien en chef de l'hôpital d'Orléans, membre de l'Académie des Sciences de cette ville et de plusieurs autres Sociétés savantes; son *Précis d'opérations de chirurgie* est supérieur aux *Traités d'opération* de Sharp, Dionis, le Dran, et est encore consulté par les chirurgiens d'aujourd'hui.

côté. Lecat employait son gorgeret-cystitome, dont nous avons donné la description plus haut, le frère Côme employait son lithotome caché, Fleurant employait un instrument qui consistait en deux lames renfermées dans une gaîne, et que l'on en faisait sortir latéralement par une pression exercée par deux bascules qui leur servaient de manche.

Cet instrument n'est pas de l'invention de Fleurant : on en trouve la description dans Guy de Chauliac, et dans Tagault.

A l'instrument dilatatoire de Hoint, s'adaptait trois lithotomes de différentes grandeurs; mais cet instrument, ainsi que beaucoup d'autres, ne sont plus en usage : un bistouri droit, à lame longue et étroite, conduit sur une sonde cannelée, les a remplacés. M. Dupuytren, pour la taille chez la femme, préfère à la sonde cannelée et au bistouri, le lithotome du frère Côme.

Le kiotome de Desault, pour couper les brides accidentelles du rectum et de la vessie, consistait en une gaîne d'argent échancrée auprès d'une de ses extrémités, et munie de deux anneaux près de l'autre. Une tige très-courte, garnie à l'un de ses bouts d'un anneau, au moyen duquel on le fait mouvoir à volonté, s'engage dans cette gaîne. L'autre bout supporte une lame d'acier, tranchante seulement à son extrémité, qui est taillée obliquement.

Pag. 160.

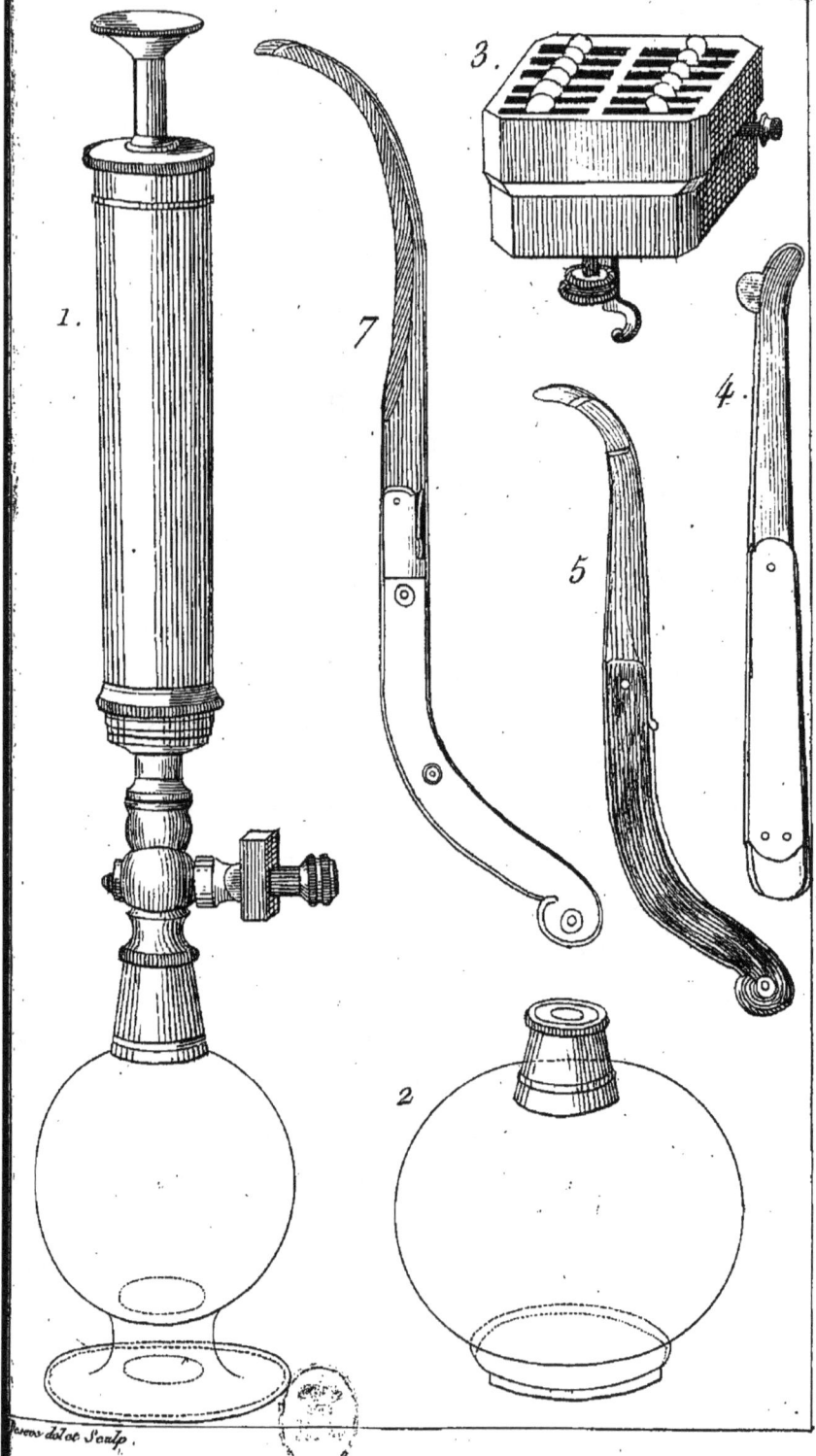

Sonde à doubles courans.

Cet instrument, de l'invention de M. J. Cloquet, est semblable aux algalies d'argent, excepté que l'intérieur est divisé par une cloison; deux trous pratiqués à l'extrémité de la courbure, correspondent chacun à l'un des conduits; l'autre extrémité est biffurquée et présente deux entrées séparées.

Cet instrument était destiné à faire passer de l'eau distillée dans la vessie, dans l'intention de dissoudre le calcul. Il peut être employé aussi pour les catarrhes vésicaux.

Halès (1), savant physicien anglais, avait déjà inventé cet instrument, au moyen duquel il pouvait introduire dans la vessie un tonneau d'eau dans vingt-quatre heures. Ce procédé était tombé dans l'oubli, et M. J. Cloquet a fort bien pu en avoir l'idée, sans avoir connaissance de ce fait.

---

(1) Halès (Étienne), né en 1677 à Beckesborn (comté de Kent), mort à Teddington en 1761. Cet illustre physicien devint un des plus grands naturalistes de son siècle; ses parens, qui le destinaient à l'état ecclésiastique, l'envoyèrent étudier la théologie à Cambridge; son goût le détermina à suivre en même temps des cours d'anatomie et de botanique. En 1710, il fut pourvu d'une place de vicaire à Teddington (comté de Middlesex). La Société royale de Londres l'admit en 1717. En 1733, l'Université

De la Sonde à dard.

Cette sonde est en argent, sa longueur est de huit à neuf pouces, et son diamètre est de trois lignes; à partir des deux tiers de sa longueur, elle commence à décrire une légère courbure, et de ce point jusqu'à son extrémité, cette sonde est ouverte sur sa partie concave. L'extrémité opposée est garnie de deux anneaux qui servent à la tenir. On introduit dans cette sonde un mandrin en argent, dont l'extrémité en acier est terminée en pointe triangulaire.

On emploie cet instrument dans l'opération par le haut appareil, d'après le procédé du frère Côme.

De la Canule droite.

Cette canule est en argent, elle a six pouces

---

d'Oxford lui décerna un diplôme de docteur en théologie, et l'Académie des Sciences de Paris le nomma associé étranger. Sans ambition, il préféra le séjour de sa modeste cure à celui de Londres, qui lui aurait offert un chemin à la fortune. Il proposa le premier d'injecter les vaisseaux du poumon avec du plomb et de l'étain. On lui doit les ventilateurs propres à renouveler l'air. Ses expériences pour dissoudre les calculs vésicaux, annoncent son zèle pour le soulagement de l'humanité souffrante.

de longueur sur un diamètre de quatre lignes ; son extrémité est arrondie et percée à droite et à gauche par deux yeux alongée; l'extrémité opposée est ouverte et garnie par une petite plaque, portant deux anneaux. M. Dupuytren a fait ajouter à cette canule deux petits bourrelets, qui, placés à côté l'un de l'autre, forment une gorge d'une ligne d'écartement, destinée à loger un fil supportant de la charpie. Ces canules autrefois étaient flexibles; elles étaient faites avec un ruban d'argent tourné en spirale.

De la Pince d'Hunter. (1)

Cette pince porte le nom de son inventeur ; elle se compose de deux pièces : l'une est une tige d'acier, longue de neuf pouces sur une ligne de diamètre, garnie d'un anneau à l'une de ses extrémités, et fendue à l'autre dans la longueur

---

(1) Hunter (Guillaume), né à Kilbridge, en Ecosse, en 1718, mort en 1783, est l'un des médecins que l'Angleterre oppose, avec orgueil, aux premiers praticiens des autres nations. Hunter acquit une fortune considérable, et fit bâtir, à ses frais, un superbe Musée. Ses dernières paroles sont remarquables; tourmenté par des douleurs arthritiques insupportables, il quitta la vie avec une tranquillité d'esprit peu commune : « Si j'avais assez de « force pour tenir une plume, disait-il, j'écrirais combien « il est aisé et doux de mourir. »

de deux pouces; les deux branches fermées par cette fente, s'écartent naturellement par l'effet de leur propre ressort; elles sont évidées et dentelées. La seconde pièce consiste en une sonde droite d'argent, de la longeur de six pouces et demie sur deux lignes de diamètre, munie de deux anneaux servant à la maintenir; l'extrémité de cette sonde est ouverte, les bords en sont mousses et arrondis. Cette sonde est destinée à recevoir la tige d'acier, elle ferme ou ouvre la pince, selon que l'on avance ou recule plus ou moins cette tige.

Cet ingénieux instrument, qui est d'une grande utilité dans plusieurs cas, sert aussi à extraire les calculs engagés dans l'urèthre.

Jusqu'à présent la pince de Hunter n'a pas été graduée, quelques accidens survenus par la trop grande ouverture des branches, nous ont donné l'idée de faire graduer les pinces de Hunter, qui se trouvent chez nous. Un opérateur voulut extraire, avec la pince de Hunter, un calcul qu'il avait saisi dans la vessie d'un malade; ignorant l'ouverture des branches, il força le mouvement, et déchira le col de la vessie. Certes ce malheur ne serait pas arrivé si sa pince eût été graduée à l'extérieur comme tous les instrumens qui sont destinés à agir à l'intérieur.

Instrument de M. Civiale.

L'opération de la taille effraye les malheureux calculeux qui doivent la subir, tant par les terribles apprêts et le nombre des instrumens qu'elle nécessite, que par les douleurs qu'elle fait endurer, et la réussite incertaine qu'elle promet. Des savans de tous les rangs, des médecins, des chimistes, des physiciens, ont fait diverses recherches pour trouver des moyens propres à délivrer les infortunés atteints de cette cruelle maladie, sans employer les instrumens tranchans. Les uns voulaient la dissoudre par l'introduction réitérée de l'eau, d'autres par des dissolvans plus actifs, d'autres enfin, par l'introduction de l'air dans la vessie; tous, mus par un sentiment vraiment philanthropique, aspiraient au beau titre de bienfaiteurs de l'humanité, que rapporterait sans doute à son auteur, une découverte aussi utile. M. Civiale, plus heureux que ses devanciers, a-t-il atteint le but? Il ne nous appartient pas de décider. Ses pairs n'ont pas hésité à déclarer qu'il avait bien mérité de ses semblables, et acquis des droits à l'estime et à la bienveillance de l'Académie royale des sciences (1).

---

(1) Voyez le rapport fait à l'Académie des Sciences, par MM. le chevalier Chaussier et le baron Percy.

L'instrument de M. Civiale est destiné à briser la pierre dans la vessie, et à la réduire au point de pouvoir sortir en même temps que les urines par l'urèthre. Dans une sonde droite d'argent, sans cul-de-sac, de quatre lignes de diamètre, on introduit une sonde d'acier droite et creuse comme celle d'argent, et portant trois branches très-élastiques, courbes, restant rapprochées tant qu'elles sont enfoncées dans la sonde principale qui leur sert de gaîne, et quand on les pousse au-dehors, s'épanouissant par l'effet de leur propre ressort, ou en tirant à soi le lithontripteur, et formant comme une cage, comme une bourse d'acier, destinée à loger la pierre. Dans ce cylindre formant la pince, on introduit un long stylet d'acier, qui doit y entrer et y tourner librement; il est terminé à une extrémité par des limes en fraises, ou par une petite scie circulaire, un trépan pyramidal, un simple carrelet, selon la grosseur et la nature présumée de la pierre; à l'autre extrémité est une poulie mobile que le praticien place sur un tour d'horloger, et fait mouvoir au moyen d'un archet.

M. Civiale employait primitivement une manivelle pour faire mouvoir sa fraise; cet habile praticien est disposé à la reprendre, nous pensons qu'elle doit être préférée, parce que l'opérateur peut mieux sentir le travail de son instrument; les mouvemens irréguliers de l'archet, et la main n'étant pas en contact médiat avec sa fraise, il doit moins s'apercevoir de ses progrès; on peut cependant dire, en faveur de l'archet, que sa marche est plus rapide; mais on peut aussi activer les mouvemens de la manivelle par des roues d'engrenages.

La sonde d'acier, portant les trois branches élastiques est graduée pour indiquer le volume du calcul, et le lithontripteur l'est également pour qu'on puisse juger de ses progrès.

L'extrémité extérieure des sondes est, à ce qu'il paraît, fermée par un appareil qui, néanmoins ne gêne pas les mouvemens du lithontripteur. Il a pour objet d'empêcher la sortie des liquides contenus dans la vessie.

Afin de broyer les parcelles trop grosses pour sortir par l'urèthre, M. Civiale emploie un instrument composé d'une canule droite de trois lignes de diamètre, dans laquelle sont introduites deux tiges d'acier très-résistantes, et pourtant élastiques, mobiles l'une sur l'autre, et que l'on serre au moyen d'une roue fixée à l'extrémité externe de la canule extérieure. Ces deux tiges, arrondies d'un côté et aplaties de l'autre, agissent sur la pierre par la pression et par un mouvement de glissement.

Des pinces à deux ou trois branches, servent à retirer les fragmens calculeux après le broiement. Quelques-unes de ces pinces sont légèrement courbées à leur extrémité.

Tous ces instrumens portent à la partie qui n'entre pas dans l'urèthre, une échelle graduée qui indique exactement le degré d'écartement des branches et le volume du corps saisi.

Nous ne pouvons donner des détails plus exacts sur le lithontripteur; M. Civiale a bien voulu nous donner quelques renseignemens; mais des motifs, qui nous sont étrangers sans doute, l'ont empêché de nous confier cet instrument.

Si d'heureux résultats sont obtenus par ses procédés, M. Civiale, nous n'en doutons pas, ne fera pas mystère de son instrument, et sa gloire sera intéressée à ce que l'usage en soit généralement répandu. MM. Leroi et Amussat disputent à M. Civiale la priorité; nous ne connaissons pas à quel point de perfectionnement ces Messieurs sont parvenus; mais il est notoire que monsieur Amussat s'occupait déjà de cet instrument long-temps avant que M. Civiale n'eût rendu le sien public. Avant cette époque, M. Amussat nous a commandé plusieurs sondes droites et des instrumens ressemblans assez au brise-pierre de M. Civiale.

LITHOTOMIE.

Explication de la première Planche.

Fig. 1. Lithotome de M. le profess. Dupuytren, pour la taille latérale.
2. Lithotome de Cheselden.
3. Un Cathéter.
4. Pince de Hunter.

page 168.

Pl. 1. Pag. 168.

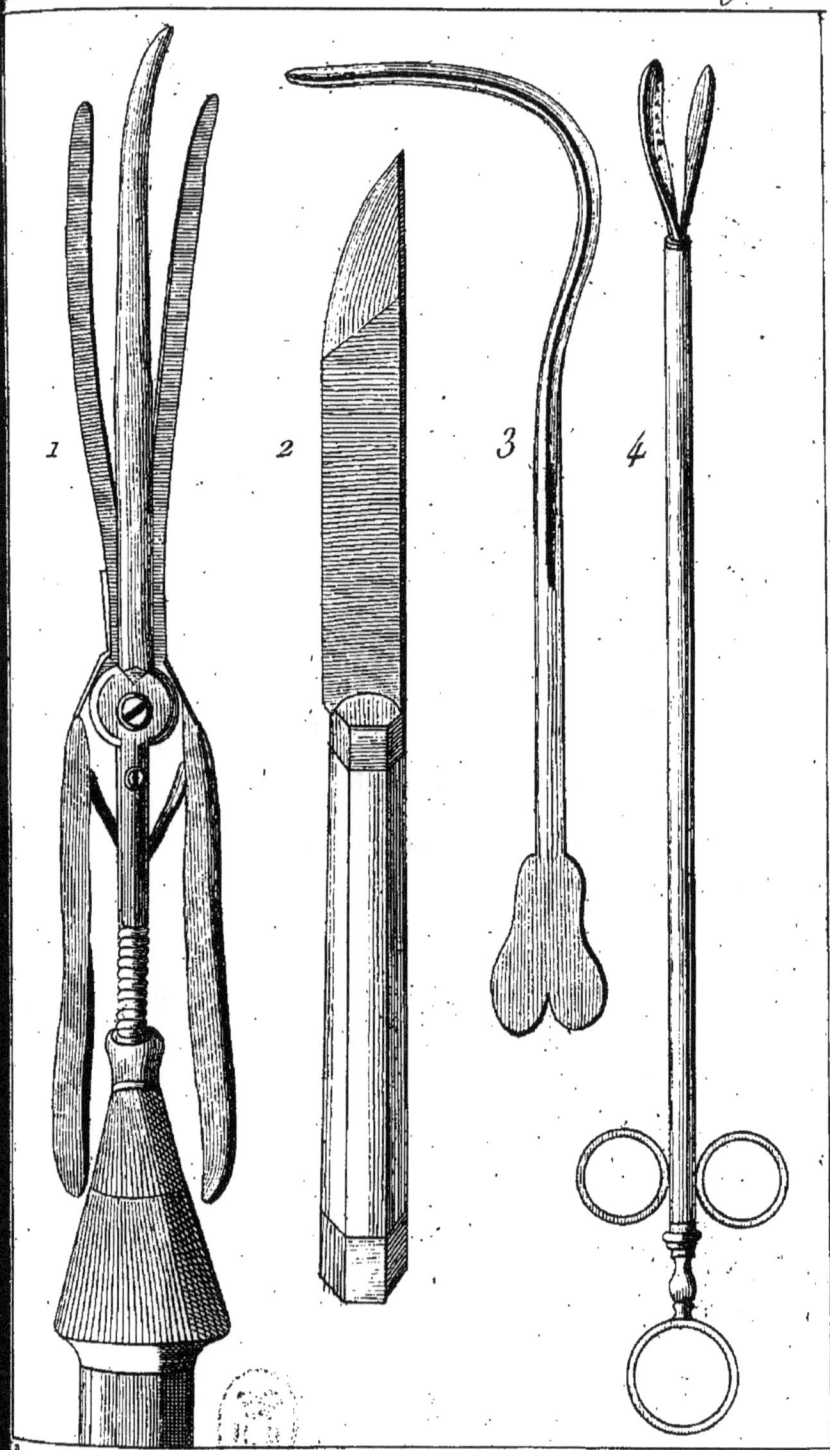

Deseve del et Sculp

LITHOTOMIE.

Explication de la deuxième Planche.

Fig. 1. Lithotome du frère Côme.
    2. Canule en argent, corrigée par le baron Dupuytren.
    3. Sonde à dard.
    4. Gorgeret de Romani.
    5. Tenette à branches croisées.

Pl. 2.   Pag. 168

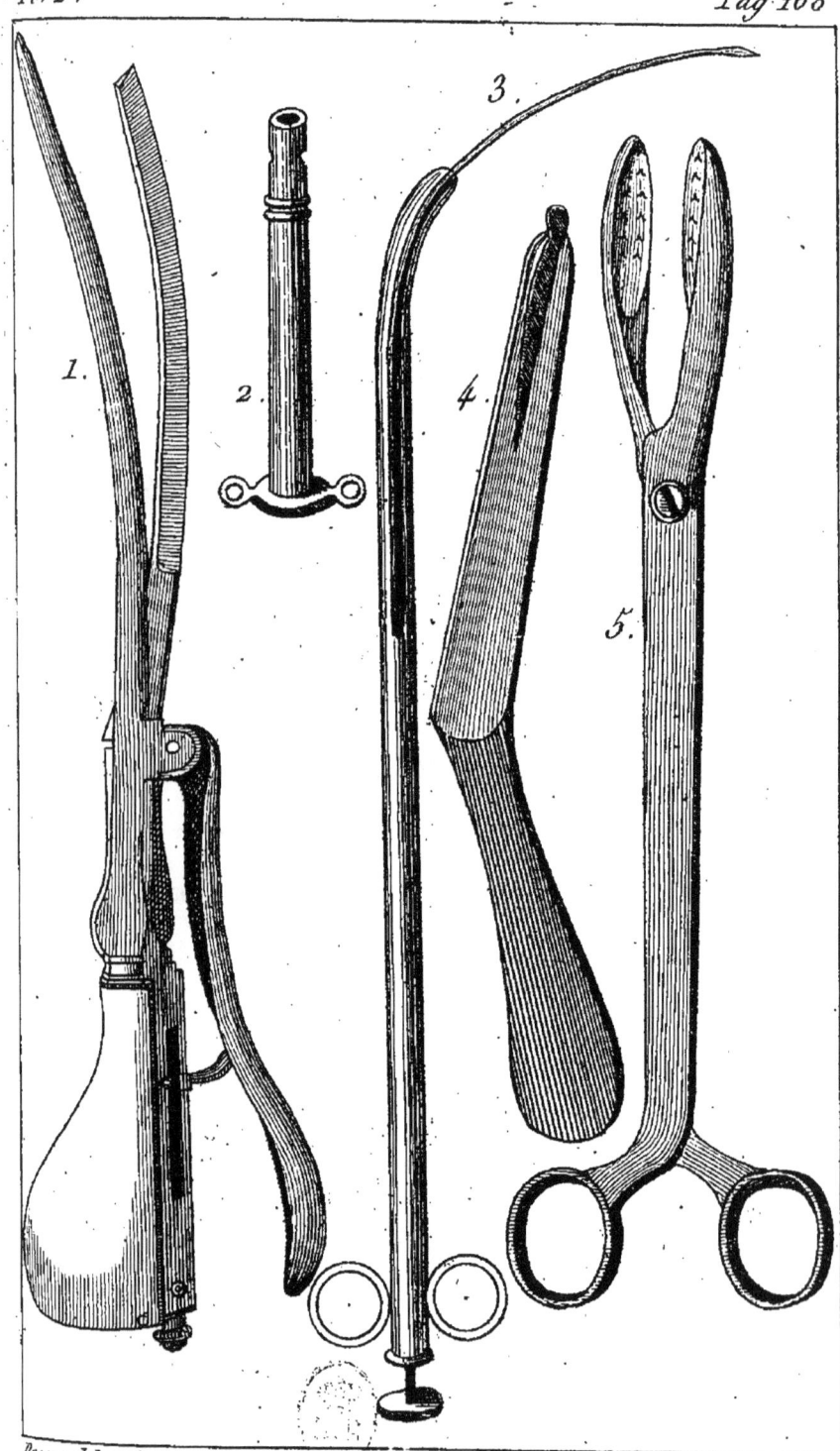

Deseve del. et Sculp.

LITHOTOMIE.

Explication de la troisième Planche.

Fig. 1. Un Bouton à crête.
2. Un Brise-pierre.
3. Spéculum de M. Recamier.
4. Speculum uteri de madame Boivin.

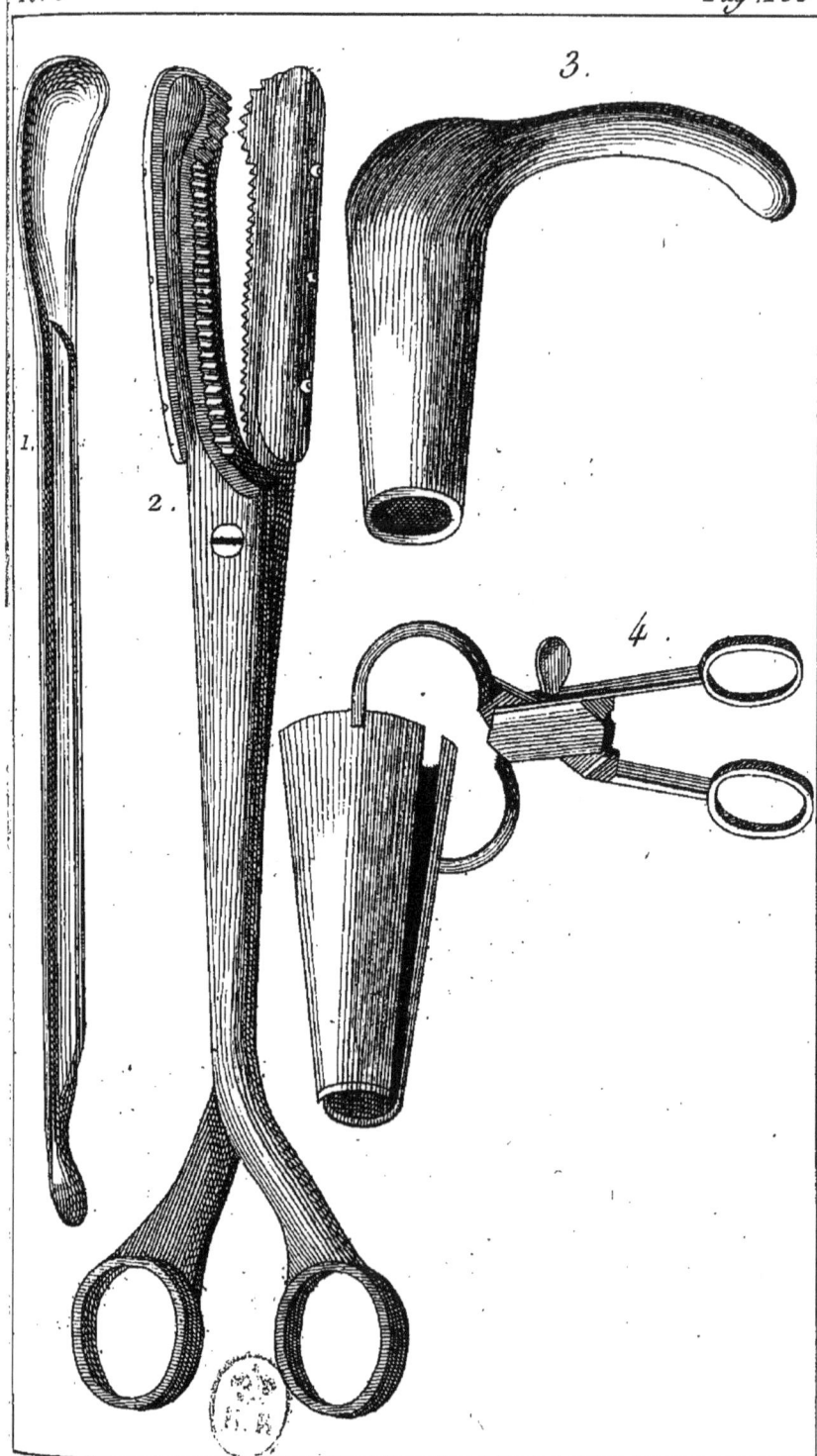

RESCISION DE LA LUETTE.

Une paire de pinces fenestrées, semblables à celles dont on se sert pour les polypes, et une paire de ciseaux à tranchans concaves, sont les instrumens proposés par Sabatier, pour pratiquer cette opération.

Pour la ligature de la luette, Ambroise Paré recommande un instrument inventé par Castellanus (1), médecin renommé de son temps; il consiste en un anneau cannelé sur sa convexité, supporté par une tige d'acier qui lui sert de manche; on y ajuste un fil ciré auquel on a fait un nœud coulant, que l'on serre au moyen d'une autre tige de même métal, terminée par un anneau beaucoup plus petit que le précédent.

Heister donne la description d'un instrument mécanique pour la rescision de la luette, inventé par un paysan de Norwège. Cet instrument, per-

---

(1) Chastel (Honoré du), dont le nom latinisé, suivant l'usage du temps, était Castellanus, étudia la médecine à Montpellier, où il fut reçu docteur, en 1544, et obtint le titre de régent, la même année; il fut appelé à la Cour auprès de Catherine de Médicis, et fut successivement médecin de Henri II, de François II et de Charles IX. Mort en 1569.

fectionné par Rau (1), est composé de deux jumelles, jointes ensemble à leurs extrémités par une traverse, et cannelées en dedans pour recevoir une lame qui glisse entre elles et qui tient à une tige destinée à la faire mouvoir. La portion de la luette qu'on se propose d'extirper est engagée dans le vide que la retraite du couteau laisse à l'un des bouts des jumelles, et elle se trouve séparée par la lame de l'instrument que l'on pousse à l'aide de la tige. Cet instrument a quelque analogie avec le bistouri pour la section du filet. (*Voyez* ce mot.)

MOXIBUSTION.

Kœmpfer (2) a le premier employé ce mot, pour exprimer la cautérisation par le moxa. MM. Percy

---

(1) Rau (Jean-Jacques), né à Bade, dans la Souabe, en 1658, mort en 1719, devint un chirurgien célèbre ; il pratiquait à Amsterdam lorsque le frère Jacques y vint après la mort du maréchal de Lorges. Il désapprouva sa méthode, mais en fit son profit, après l'avoir perfectionnée. Il opéra, dit-on, seize cents malades, sans en perdre un seul. Le silence obstiné qu'il garda sur ses procédés, déshonore sa mémoire.

(2) Kœmpfer (Engelbert), né en 1651, à Lemgow (Westphalie), mort en 1716, est devenu célèbre par

et Laurent l'ont introduit chez nous. Ce moyen de guérison a été employé dans la plus haute antiquité, par les peuples nomades comme par les nations les plus civilisées. Chaque nation a choisi diverses matières pour composer son moxa. Pouteau, en introduisant chez nous le mode des Égyptiens, mit en usage les moxas de coton.

---

ses voyages; son père, qui était ministre de l'Evangile, prit un soin particulier de cultiver ses bonnes dispositions. Kœmpfer prit le degré de docteur en théologie à Cracovie, et passa ensuite quatre années à Kœnisberg, à étudier l'histoire naturelle et la médecine; son goût décidé pour les voyages lui fit accepter la place de secrétaire de l'ambassade que la Suède envoyait en Perse. Il traversa la Russie et arriva à Hispahan en 1684. Pour continuer ses voyages, il accepta la place de chirurgien-major, à bord d'une flotte hollandaise qui croisait dans le golfe Persique; il visita ainsi les côtes de l'Arabie-Heureuse, celles du Mogol, du Malabar, de Ceylan, du golfe de Bengale et de Sumatra. Arrivé à Batavia, il s'embarqua pour le Japon, en qualité de secrétaire d'ambassade de la compagnie hollandaise. Il visita le midi de la Chine, Siam et le royaume de Camboye. Enfin, après de nombreuses tournées, il retourna à Batavia, où il s'embarqua pour Amsterdam en 1693. Peu après son arrivée, il prit le bonnet de docteur en médecine à Leyde, et retourna dans sa patrie. Le comte de la Lipe le nomma son premier médecin; mais ses vieux jours furent abreuvés d'amertume par des chagrins domestiques résultans d'un mariage mal assorti.

M. Percy proposa de suivre l'exemple d'Aquapendente, et d'adopter la mèche du canonnier : cette innovation n'a pas eu de succès, et le moxa resta composé de coton cardé, roulé sur une petite pièce de toile fine, et assujetti par quelques points; il forme un cylindre d'environ un pouce de hauteur; son diamètre varie suivant les circonstances.

Pour poser et maintenir le moxa, on se sert du porte-moxa de M. Larrey; et pour activer la combustion, ce praticien conseille le chalumeau employé par les orfévres. Le porte-moxa est composé d'un anneau d'acier ou d'argent de six lignes de diamètre, supporté par trois petits pieds en bois d'ébène; on a choisi cette substance comme mauvais conducteur du calorique. Un manche de bois semblable, de trois pouces de longueur, est adapté à ce trépied.

On peut remplacer cet instrument par des pinces à pansement; le chalumeau même n'est pas d'une nécessité absolue, puisqu'on peut y suppléer par la bouche.

DE L'OESOPHAGOTOMIE.

Pour pratiquer cette opération, on emploie le cathéter œsophagien dont nous avons donné la description à l'article *Corps étrangers*. M. Vacca Berlinghiéri a proposé une canule de gomme élastique, fendue latéralement dans une partie de sa longueur. Une tige d'acier élastique, divisée en deux portions, terminées chacune par un demi-bouton olivaire, est placée dans cette canule; ses branches sont maintenues en contact par le cul-de-sac qui la termine. Cette canule étant introduite, en retirant un peu le mandrin, une de ses branches, n'étant plus maintenue par le cul-de-sac de la sonde, s'écarte, soulève la paroi œsophagienne, et sert de guide à l'opérateur. Pour inciser, on emploie le bistouri ordinaire.

PULMONIE.

Du Pectoriloque ou Stéthoscope.

Cet instrument a été inventé par M. Laënnec; il consiste en un cylindre de bois léger et vernis, hêtre ou tilleul, d'un pied de long sur seize lignes de diamètre; il est percé dans son centre par un conduit de trois lignes de diamètre; une des extrémités est évasée à une profondeur d'un pouce et demi, en forme d'entonnoir; cet enfoncement est exactement rempli par un en-bout également perforé dans son centre, et qui se fixe par un petit tube de cuivre qui le traverse et entre dans la tubulure du cylindre. Cet instrument se dévisse au milieu afin d'être plus portatif.

On emploie le pectoriloque pour reconnaître les différens bruits qui ont lieu dans la poitrine, afin de parvenir au diagnostic des maladies de cette cavité.

Le premier instrument dont M. Laënnec fit usage, auparavant d'avoir amené le pectoriloque au degré où nous le voyons, fut un rouleau de papier de seize lignes de diamètre et d'un pied de longueur, formé de trois cahiers de papier battu, fortement serré, maintenu par du papier collé, et aplani à la lime aux deux extrémités.

PHLÉBOTOMIE,

SCARIFICATIONS, MOUCHETURES, VENTOUSES.

L'instrument le meilleur et le plus généralement employé pour pratiquer la phlébotomie, est la lancette. Nous avons donné la description de cet instrument au mot *trousse*. La palette sert à recevoir le sang et à estimer la quantité que l'on veut en tirer. Ce vase est ordinairement en étain, le fer et le cuivre étant plus susceptible de s'oxider, et l'argent étant trop coûteux pour l'usage ordinaire. La forme est celle d'une petite écuelle arrondie, plus large que profonde, et garnie d'une oreille qui sert de manche. La palette doit contenir quatre onces. Dans quelques hôpitaux on a jugé plus commode de réunir plusieurs palettes en une seule, et on a fait des vases contenant cinq à six palettes. Des rainures circulaires, tracées sur la face interne du vase, indiquent la quotité des palettes.

Quelques praticiens employent une petite pince semblable à celle à disséquer. Par l'effet de son ressort, les branches s'écartent; elles servent à empêcher que les chairs ne bouchent l'ouverture faite par la lancette. Cette pince est ordinairement en argent ou en or.

Les mouchetures, qui ne sont que de légères incisions superficielles, se font avec la pointe d'une lancette, celle d'un bistouri aigu, même avec celle d'une aiguille à bec de lièvre. (*Voyez* ces différens mots.)

On emploie pour les scarifications la lancette, le bistouri, le scarificateur.

Le scarificateur consiste en une boîte cubique en cuivre, ayant un pouce et demi sur chaque face. Cette boîte renferme seize petites lames de lancette qu'un ressort fait partir; elles apparaissent, ressortent de quelques lignes de la boîte, et rentrent de suite. Il y a des boîtes plus ou moins grandes, contenant cinq, sept, douze ou seize lames.

Ambroise Paré parle d'un scarificateur qui, au lieu de lancette, avait trois rangs de roues tranchantes.

L'ophthalmoxystrum est un instrument de l'invention de Woolhouse; il consiste en une cuillère fixée sur un manche; elle est armée de dents comme une lime, et sert à scarifier la conjonctive de l'œil et de la paupière sur lesquelles on passe cette lime.

MM. Sarlandière et Demours ont fait construire un instrument qui se compose de lames comme le scarificateur, et qui de plus présente une pompe aspirante, de sorte que la scarification étant faite, on peut, à l'aide de cette pompe, attirer une plus ou moins grande quantité de sang.

Du Bdellomètre.

Le bdellomètre de M. Sarlandière est composé d'une cloche de verre de la forme des ventouses, à col rétréci, et de manière à former tout autour un col pour servir en dedans de support. Le sommet de cette cucurbite est terminé par une tubulure garnie d'un compartiment de cuivre sur lequel on visse un cylindre de même métal, contenant des lamelles de cuir, superposées et percées à leur centre. Par ce conduit il entre à frottement une tige cylindrique, terminée supérieurement par un bouton, et inférieurement par un pas de vis pour adapter au besoin un scarificateur, un disque armé de pointes ou une flamme.

A côté de la tubulure du sommet de cette ventouse, est pratiquée obliquement une autre tubulure, surmontée d'une pompe aspirante pour faire le vide. Cette pompe aspirante est traversée, à sa partie inférieure, par un robinet surmonté d'une cheville servant à introduire l'air dans la ventouse, pour en faciliter l'enlèvement. A la partie inférieure de la ventouse, se trouve une troisième tubulure servant à visser un robinet destiné à donner une issue au liquide contenu dans la ventouse.

Cet instrument ayant une large ouverture, et ne pouvant par conséquent être appliqué que sur une large surface, M. Sarlandière a imaginé d'en faire construire un autre en forme de globe et toujours en verre; la partie inférieure de ce globe est terminée par un goulot très-court sur lequel on visse au besoin : 1° une alonge de métal en forme de goulot, pour la saignée capillaire des surfaces étroites, ou dans les anfractuosités de la peau; 2° une alonge à rebord évasé pour embrasser les tumeurs ou autres points où l'on désirerait faire la ponction dans le vide. Cette alonge peut servir aussi pour opérer le dégorgement du sein, et pour évacuer un liquide quelconque; 3° une alonge en forme de tuyau ou canule recourbée, pour introduire dans les embouchures des membranes muqueuses, et pratiquer la saignée à l'intérieur. La partie supérieure est semblable à l'autre ventouse, excepté que le robinet, au lieu d'être placé au bas du globe, se trouve au-dessus et au côté opposé à la pompe.

Tous les pas de vis des tubulures doivent être faits sur le même modèle, pour pouvoir, au besoin, les boucher par un bouton, ou y adapter la pompe, le robinet ou une boîte à cuirs, selon le besoin.

Le robinet destiné à donner issue au sang, paraît inutile à quelques praticiens, parce qu'il est toujours plus aisé et plus utile d'enlever la cloche, de la nettoyer et de la réappliquer, après avoir lavé la partie, et renouvelé en quelque sorte la surface des plaies, que de faire écouler par un robinet étroit le sang à demi coagulé qui remplit l'appareil.

M. Sarlandière a simplifié son bdellomètre; il a pensé qu'on pouvait introduire son scarificateur dans une ventouse à une seule tubulure, surmonté d'une boîte à cuirs pour la tige cylindrique. Un petit robinet est placé à la tubulure; il sert à laisser pénétrer l'air par la partie supérieure pour désappliquer la ventouse.

La tige cylindrique peut être armée, selon les cas, d'un scarificateur, d'un disque en cuivre d'un pouce de diamètre et de trois lignes d'épaisseur ; ce disque est traversé par trois rainures destinées à recevoir la coulisse des traverses de cuivre, sur lesquelles se vissent de petites lancettes longues de six lignes, et très-larges ; ce disque peut être armé de trois, quatre, six, sept ou dix lancettes. Pour ouvrir un abcès, on peut armer la tige d'une espèce de flamme d'une largeur proportionnée à l'ouverture que l'on veut faire.

M. Sarlandière préfère ajuster à sa tige un scarificateur semblable aux scarificateurs allemands ; une seconde tige entre dans la première, et sert à faire partir les lames lorsque la ventouse est placée.

Des Ventouses.

L'usage des ventouses est très-ancien et fort connu de presque tous les peuples ; cet instrument est une petite cloche de verre, dont primitivement la forme approchait de celle de la courge. On les fabriquait en argent, en cuivre ou en corne, mais lorsque l'on connut celles de verre, on abandonna les autres. On leur a donné diverses formes plus ou moins rondes ou ovales, plus ou moins larges ou longues, en pointes ou obtuses.

Les anglais ont adapté la pompe aspirante à la ventouse ; sa partie supérieure offre une ouverture garnie d'un cercle de cuivre, sur lequel se visse la pompe. M. Gondret, médecin français, en a introduit l'usage en France.

On a appliqué ce procédé pour l'évacuation du lait chez les femmes; les ventouses sont en forme de globe, l'extrémité inférieure présente un bord évasé pour l'adapter à la forme du sein.

Les ventouses ont trois ou quatre pouces de hauteur, sur un, deux, trois ou même quatre de diamètre, suivant les cas; le bord doit être épais et poli.

Le scarificateur de M. Larrey est fait sur le modèle de la flamme que l'on emploie pour les chevaux, mais sur une dimension plus petite; la flamme, au lieu d'être pointue, comme dans cet instrument, est ronde. Le manche peut être en écaille, en corne ou ivoire.

DES POLYPES.

Les instrumens nécessaires pour l'extraction des polypes, varient suivant les procédés que l'on emploie. Nous allons décrire les instrumens dont on se sert en procédant par arrachement, par excision, par cautérisation ou par ligature.

PROCÉDÉ PAR ARRACHEMENT.

Des Pinces.

Pour opérer par extraction, on emploie une tenette ou une très-forte pince dont les branches, légèrement recourbées, sont terminées par des mors fenestrés et garnis en dedans d'aspérités placées de telle manière, que lorsque la pince est fermée, elles sont reçues mutuellement dans les intervalles qui les séparent; cette pince est munie de deux anneaux à l'extrémité de ses branches. Elle a ordinairement six à sept pouces de longueur : elle doit être cependant d'une grandeur proportionnée à l'âge du malade. Ces pinces sont quelquefois droites, et d'autres fois courbes; les branches sont unies à jonction passée.

Les pinces de Richter sont faites sur le modèle du forceps ; les branches sont unies par entaillure, et elles peuvent être introduites ainsi séparément.

Navaton employait des pinces à anneaux droites et courbes, un peu plus fortes que celles dont on se sert pour les pansemens : leurs branches étaient creusées depuis les extrémités jusqu'à quatre doigts au-delà, de manière qu'étant rapprochées, elles formaient une cavité oblongue assez spacieuse; les bords étaient tranchans; minces et bien affilés. Cet instrument coupait, arrachait et enlevait toutes les portions du polype qu'il saisissait.

Lorsqu'il faut aller saisir le polype par la bouche, on emploie des pinces courbes sur leur plat et sur leur côté.

M. Dupuytren emploie, pour l'extraction du polype, des pinces diversement recourbées, dont les mors sont garnis à leur intérieur de pointes d'acier très-solides; mais le plus souvent il emploie des pinces de Museux, très-fortes. Ambroise Paré employait, pour cette opération, des tenettes dont il n'a pas laissé de description.

PROCÉDÉ PAR EXCISION.

Celse, auteur de ce procédé, employait la spatha; on n'est pas d'accord sur la figure de cet instrument. On pense qu'il était en forme de spatule, mais tranchant sur les bords. Paul d'Égine (1) employait cet instrument; son extrémité

---

(1) Paul d'Égine, ainsi nommé parce qu'il naquit dans l'île d'Égine, vivait dans le VIIe siècle. On a peu de renseignemens sur la vie de ce médecin grec; il fit ses études à Alexandrie, voyagea en Grèce et chez les Sarrasins; il s'était rendu tellement habile en chirurgie et

était terminée par un crochet avec lequel il amenait au dehors la tumeur. Fabrice d'Aquapendente employait des tenettes dont les branches, tranchantes en dedans, étaient mousses en dehors; elles agissaient comme celles des ciseaux. Il en employait de droites, et d'autres à branches courbes. Ces tenettes, dont on n'a pas une description exacte, ne sont plus employées.

Levret proposa d'employer des couteaux disposés en forme de croissant; d'autres ont employé des bistouris à lame droite ou courbe ; des ciseaux dont les branches représentaient un croissant; enfin, d'autres se sont servi d'un bistouri à gaîne; sa lame, légèrement recourbée vers sa pointe, était cachée dans une gaîne dont on pouvait la faire sortir.

---

surtout dans l'art des accouchemens, que les Arabes le surnommèrent l'Accoucheur. En effet, en chirurgie, il s'est montré supérieur à tous les médecins grecs. Paul d'Égine nous a transmis plusieurs fragmens des médecins anciens, et nous a laissé des ouvrages précieux. C'est dans les œuvres de ce médecin que l'on trouve des connaissances précieuses sur les usages des Anciens.

PROCÉDÉ PAR LIGATURE.

Fallope (1) faisait passer dans une canule d'argent, les deux extrémités d'un fil d'archal, de manière à lui faire former une anse. La tumeur saisie, il l'étranglait en tirant les deux fils qui passaient par l'extrémité de sa canule. Pallucci (2) employait une canule munie, à son extrémité, d'une traverse qui séparait les deux bouts du fil.

Levret employait une canule d'argent de quatre pouces de long sur trois lignes de diamètre. A une de ses extrémités, était une traverse pour séparer les fils; à l'autre étaient deux petits anneaux sur lesquels on les attachait. Pallucci lui disputait la priorité, mais Levret, il y avait déjà quelques années, avait imaginé d'employer, pour

---

(1) Fallopio (Gabriel), né à Modène en 1523, mort en 1562, posséda un canonicat à la cathédrale de Modène; mais l'état ecclésiastique ne s'accordant pas avec son goût pour les dissections, il abandonna ce bénéfice, et devint l'un des plus célèbres anatomistes du XVIe siècle.

(2) Pallucci (Noël-Joseph), né en 1719, mort en 1797, était bachelier en médecine de l'Université de Paris; il exerça la chirurgie à Florence et à Vienne. Il inventa, pour l'opération de la taille, un conducteur, une canule d'or pour la fistule lacrymale, et un instrument pour abattre la cataracte.

les polypes utérins, deux canules de huit pouces de longueur, soudées l'une contre l'autre, et destinées à recevoir chacune un des bouts du fil d'argent; ce fil avait trois-quarts de ligne de diamètre.

Les pinces de Le Cat, pour la ligature des polypes des fosses nasales, sont composées de deux branches semblables à anneaux, unis à jonction passée. L'une d'elles est armée d'un petit crochet pris sur l'épaisseur de la branche; toutes deux sont percées, dans leur largeur, de deux trous d'une ligne de diamètre pour passer le fil. La vis placée à la jonction est aussi percée pour donner passage au fil.

Brasdor employait le double cylindre de Levret et la sonde de Bellocq (1); cette sonde a de treize à seize centimètres de long, et offre une légère courbure à son extrémité, qui est ouverte; un ressort d'acier, terminé par un bouton olivaire qui s'ajuste parfaitement à l'ouverture de cette sonde, est introduit dans la sonde, et conduit par un mandrin d'argent, auquel il tient par son autre extrémité; le bouton olivaire est

---

(1) Bellocq (Jean-Jacques ou Jean-Louis), né à Saint-Maurice, près d'Agen, en 1738, et mort à Paris en 1807, chirurgien et médecin légiste, soutint, à quinze ans, une thèse au collége de Montpellier; il fut reçu maître en chirurgie à l'âge de vingt-quatre ans.

placé pour recevoir le fil. Un anneau, placé à l'extrémité de la sonde, sert à la maintenir.

Bellocq imagina cette sonde pour conduire, de la bouche dans les arrière-narines, un bourdonnet sec ou imbibé d'une liqueur styptique, lorsqu'il est nécessaire d'arrêter une hémorragie nasale. On pourrait avantageusement remplacer le ressort d'acier, qui est sujet à la rouille et à se casser, par un ressort d'argent bien recroué.

M. Boyer accorde la préférence au procédé de Desault; on emploie :

1° Une canule d'argent, longue de cinq à six pouces, sur un tiers de ligne de diamètre, recourbée à l'une de ses extrémités, qui est olivaire.

2° Une sonde de gomme élastique, d'un petit calibre, et très-flexible.

3° Un serre-nœud, qui n'est autre chose qu'une tige d'argent, longue de quatre à cinq pouces, aplatie et fendue à l'une de ses extrémités, légèrement aplatie aussi à l'autre extrémité, qui est recourbée à angle droit, et percée d'une ouverture ronde.

4° Une ligature, longue d'un pied et demi, et formée de deux fils cirés et tordus ensemble.

5° Une anse de fil simple, d'une autre couleur que celle de la ligature.

Dallas imagina l'appareil suivant pour la ligature du polype, du pharynx et de l'œsophage :

1° Un nœud coulant fait avec un fil ciré, pour embrasser le pédicule du polype.

2° Un porte-nœud pour diriger l'anse du nœud coulant; il est composé d'une tige d'acier ou de cuivre, de sept ou huit pouces de long, légèrement recourbée, terminée, à l'une de ses extrémités, par un très-petit manche; à l'autre, par deux petites tiges creuses, recourbées, de deux pouces et demi de long, qui supportent un anneau placé obliquement sur elles. On voit, sur cet anneau, deux orifices qui conduisent dans l'intérieur des branches; ces branches elles-mêmes présentent, dans le lieu de leur réunion à la tige, une ouverture commune à toutes deux.

3° Un instrument destiné à faire une seconde anse et un nouveau nœud; c'est une tige recourbée et construite comme la précédente, qui supporte une petite caisse de cuivre, dans laquelle sont renfermées deux petites poulies de même métal; chaque poulie doit avoir environ huit ou dix lignes de grandeur, sur six d'épaisseur.

Pour la ligature du polype utérin, on emploie le porte-nœud de Levret; nous avons donné la description de ces deux tubes d'argent plus haut; le constricteur, du même praticien, par la seule pression d'un ressort double, resserre continuellement le nœud fixé au pédicule du polype, et dispense par conséquent de serrer chaque jour la ligature. Ce constricteur est composé de deux branches semblables, unies, à leur extrémité, par une charnière; un double ressort est placé entre ces branches, et retenu par la charnière.

D'après Desault on emploie, pour cette ligature :

1° Un porte-nœud qui consiste en une canule d'argent, longue d'environ sept pouces, recourbée légèrement, pour s'accommoder à la forme du polype; deux anneaux se rencontrent à son extrémité inférieure, soit pour la facilité de l'opérateur, soit pour arrêter le fil à l'instant où l'on porte l'instrument dans le vagin. L'autre extrémité est terminée par un bouton ovoïde creusé en entonnoir, et dont les parois sont lisses et arrondies.

2° Un autre porte-nœud présente aussi une canule d'argent, longue de cinq pouces, très-légèrement recourbée, et renfermant une tige d'argent ou d'acier bifurquée supérieurement, et terminée par deux demi-anneaux, d'où résulte un anneau complet lorsque les branches sont rapprochées; l'autre extrémité de la tige est fendue pour y arrêter les fils. Ces branches s'écartent par l'effet de leur ressort, lorsque rien ne les contient; on les réunit en faisant glisser sur elles la canule. Le serre-nœud est une tige d'argent terminée supérieurement par un anneau où l'on passe les deux chefs de la ligature; la longueur de ce serre-nœud doit être proportionnée à la hauteur du polype.

Quelques praticiens ont proposé de substituer au serre-nœud métallique, le serre-nœud mobile de Roderick, corrigé par Bouchet (1); ce serre-nœud est composé de cinquante-quatre petites boules en os ou en ivoire, enfilées dans un double cordon de soie; elles n'ont pas la même grosseur; mais forment, par leur réunion, une pyramide dont le sommet répond au pédicule du polype; la plus grosse, du volume d'un grain de raisin, a une figure pyriforme, et peut entrer dans la cavité du barillet. Ce barillet a un pouce et demi de long; une tige d'acier le traverse, et l'extrémité des cordons de soie vient traverser un trou qui se trouve à son milieu. Les extrémités de cette tige traversent les fonds du barillet. L'une est soudée à une petite roue dentelée qui peut arrêter un ressort, l'autre a une petite plaque qui sert à faire tourner la tige sur son axe.

---

(1) Bouchet (Pierre), né à Lyon en 1752, mort en 1794, chirurgien en chef de l'Hôtel-Dieu de cette ville, acquit la réputation d'habile opérateur; il mourut, victime de la fatigue et des peines morales qu'il eut à essuyer pendant et après le siége de sa ville natale.

M. Sauter a fait d'autres corrections au serre-nœud de Roderick : ses instrumens sont deux tiges de baleine et un serre-nœud composé d'un fil de soie qui traverse trente-huit petites boules pareilles au grain d'un chapelet. Les deux tiges de baleine, qui sont les conducteurs ou porte-nœuds, ont neuf pouces environ de longueur ; l'échancrure de leur extrémité supérieure doit être assez grande pour que l'anse du fil puisse y glisser librement, et la fente qui termine cette échancrure doit être de telle largeur, que les nœuds ne puissent s'en échapper sans un certain degré de force. Les boulettes peuvent être en os, corne ou ivoire ; celles qui terminent le serre-nœud d'un côté et de l'autre, doivent être percées de deux trous, afin que d'un côté on puisse nouer le lien d'une manière convenable, et que de l'autre, la ligature ayant coupé la base du polype, les boules restent toujours enfilées et réunies. M. Sauter employait des bouts de cornes de bœuf pour faire ces deux boules ; celle de l'extrémité inférieure doit être un peu plus grosse que les autres. Quant à celle qui est à l'extrémité supérieure, il faut que le côté qui touche le polype soit plutôt tranchant qu'arrondi.

Le porte-nœud de Desault, corrigé par monsieur Dubois, consiste en une tige d'acier d'un pied de long, sur deux lignes de diamètre ; elle

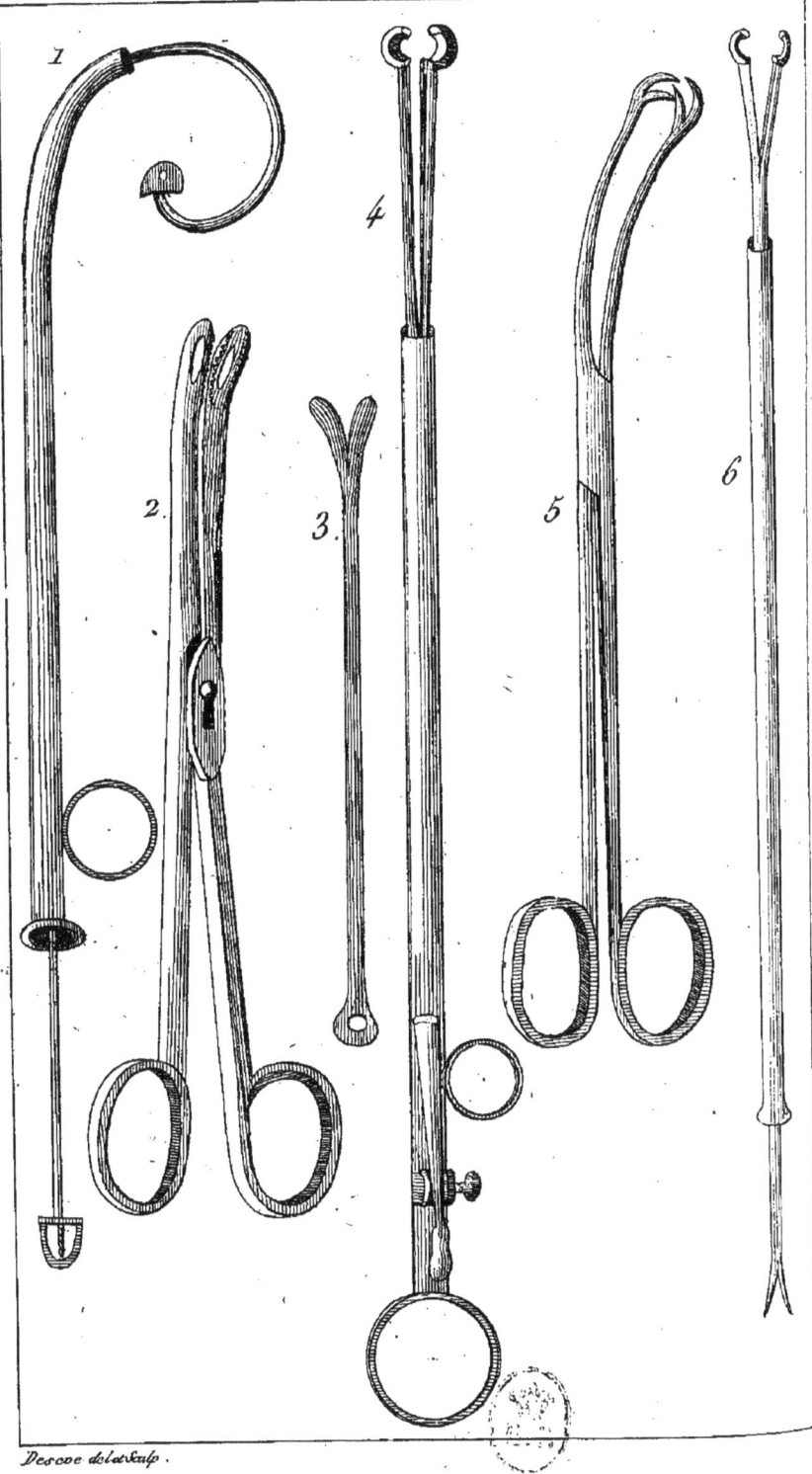

Pag. 191.

POLYPES.

Explication de la Planche.

Fig. 1. Sonde de Belloc.
    2. Pince à Polype courbe.
    3. Serre-nœud de Roderich.
    4. Porte-nœud de M. le baron Dubois, pour les Polypes de la matrice.
    5. Pince à Érignes, de Muzeux.
    6. Porte-nœud de Desault.

est fendue à une de ses extrémités dans la longueur de deux pouces et demi, et forme deux branches terminées par deux demi-anneaux. Elles tendent à s'écarter par l'effet de leur ressort. L'autre extrémité est terminée par un anneau, et porte un cliquet qui s'abaisse par l'effet d'un petit ressort; cet anneau, et la partie portant le cliquet, se dévissent pour laisser passer la canule d'argent destinée à fermer les branches; le cliquet dont nous avons parlé s'oppose à ce que l'élasticité des branches ne fasse redescendre la canule d'argent.

Aujourd'hui les méthodes de l'exsiccation, de la cautérisation, du séton et de l'excision, sont presque entièrement abandonnées. Celles de la ligature et de l'arrachement sont presque les seules qui soient en usage.

DE LA PONCTION.

La ponction, selon les cas, peut se pratiquer avec un bistouri, une aiguille, une épingle ou un trocart; le bronchotome, le pharyngotome.

Du Trocart ou Trois-Quarts.

Le trocart est composé de deux pièces : le poinçon et la canule ; le poinçon est composé d'une tige d'acier ronde, de deux lignes de diamètre, sur deux pouces et demi de longueur, montée sur un manche, en forme de poire, de deux pouces de longueur ; ce poinçon est terminé par une pointe triangulaire à trois côtés aigus et coupans, et est renfermé dans une canule d'argent proportionnée à son volume.

L'extrémité de cette canule descend sur le poinçon, jusqu'à la naissance des biseaux, formant le trois-quarts ; elle est amincie de manière à augmenter le moins possible la base du poinçon ; par ce moyen, le trocart, armé de sa canule, pénètre plus aisément et cause moins de douleur. L'extrémité postérieure de la canule consiste en une plaque exactement ronde, dont la face, du côté du manche, est un peu cavée, et celle vers la canule un peu convexe. Cette plaque est percée de deux trous pour passer des fils, afin d'assujettir au besoin la canule par un bandage circulaire.

Le trois-quarts a été inventé par Sanctorius, qui en a donné une description en 1625 ; il fut apporté d'Italie en Hollande par Jacques Block, chirurgien d'Amsterdam, Barbette et Job y firent des changemens, enfin J. L. Petit a perfectionné cet instrument, en ajoutant au pavillon de la canule une espèce de gouttière pour faciliter l'écoulement des fluides, et éviter au malade d'en être mouillé. Ce praticien a fait aussi ajouter une petite cannelure sur la canule; elle sert à annoncer la qualité du fluide, parce qu'il en sort un peu par cette rainure, sans qu'il soit nécessaire de retirer le poinçon. On a depuis fait pratiquer cette rainure sur le poinçon même.

Quelques trocarts, au lieu d'être terminés par trois faces, présentent une extrémité aplatie, et forment une pente à peu près comme celle des lancettes.

Le trocart-bistouri est composé d'un poinçon de trocart, dont la tige est fendue à jour dans toute sa longueur, depuis le manche jusqu'à la pointe exclusivement, pour loger une lame droite et tranchante; comme dans le bistouri caché, le manche ne permet qu'un certain degré d'écartement de la lame avec la gaîne.

Le trocart de J. L. Petit, pour les contre-ouvertures, est semblable au trocart ordinaire; la canule est ronde et garnie d'une rainure le long de son corps, et de deux yeux à son extrémité, pour passer une bandelette. Son manche est semblable à celui du pharyngotome; il est garni de deux anneaux.

Le trocart droit, pour faire la ponction de la vessie, offrait des inconvéniens graves ; le frère Côme imagina, pour cette opération, le trocart courbe ; son poinçon est long de douze centimètres, et est enfermé dans une canule d'argent comme le trocart ordinaire. Sa courbure est une portion de cercle de dix-huit centimètres et demi de diamètre ; cette courbure doit être parfaitement exacte, afin que l'on puisse retirer le poinçon sans déplacer la canule On a pratiqué une cannelure sur la partie convexe de ce poinçon, depuis le manche jusqu'à près de trois millimètres de la base de sa pointe. On a également percé un trou à la canule, vis-à-vis l'extrémité de cette cannelure, afin que les urines puissent couler le long du manche, lorsque l'instrument est dans la vessie ; le pavillon de la canule est incliné de manière à s'appliquer exactement sur le ventre ; il est garni de deux anneaux par lesquels passent les liens qui doivent l'assujettir.

Du Bronchotome.

Cet instrument a été inventé par Banchot, chirurgien de la marine française, il consiste en une lame tranchante sur les côtés et terminée par une pointe arrondie ; sa longueur est de huit à dix lignes sur six de large ; elle est montée sur un manche comme le trocart ordinaire; comme dans cet instrument, une canule d'argent la recouvre jusqu'à la naissance des tranchans de sa pointe. Cet instrument servait à ouvrir les voies aériennes, le larynx ou la trachée-artère, pour introduire de l'air dans les poumons. Cet instrument est rarement employé aujourd'hui.

Du Pharyngotome.

Cet instrument, inventé par J. L. Petit, est composé d'une lame de cinq pouces de longueur, légèrement courbe, et terminée à son extrémité par une pointe en forme de dard. Comme le trocart, elle est renfermée dans une canule d'argent de quatre lignes de largeur; à cette canule est vissé un manche d'argent garni d'un anneau et renfermant un ressort. La tige de la lame ressort par l'extrémité de ce manche, et en la poussant plus ou moins, on fait sortir le dard de la canule.

On employait cet instrument pour scarifier les amygdales enflammées, et ouvrir, sans danger pour les parties environnantes, les abcès des amygdales enflammées et de l'arrière-bouche. Il est rarement employé aujourd'hui; un bistouri, dont la lame est entourée de bandelettes jusqu'à la pointe, peut le remplacer. Caqué, de Reims, a inventé un couteau pour la rescision des amygdales; cet instrument est composé d'un manche à pans de trois pouces et demi de longueur, sur lequel est monté une lame de quatre pouces, qui forme avec lui un angle obtus d'environ cent soixante degrés; l'extrémité de la lame est mousse afin d'éviter de piquer le fond de la gorge.

De l'Aiguille à perforer l'Oreille.

Cette aiguille est conique, en or ou en platine, montée sur un manche comme les trocarts, et reçue jusqu'à deux ou trois lignes de la pointe dans une canule, dont le bord s'adapte exactement à sa surface. Cet instrument sert à perforer le lobe de l'oreille, et à y introduire un fil de plomb.

On exige en général que les trois-quarts soient faits en acier fondu, que la pointe en soit bien ménagée, et que les angles de chaque face forment un tranchant. Mais on doit surtout examiner si l'extrémité de la canule s'abat bien sur la naissance de la pointe, sans en augmenter pour ainsi dire le volume.

TENDON D'ACHILLE.

Lors de la rupture du tendon d'Achille, on emploie un bandage connu sous le nom de pantoufle de Petit. Ce bandage, de l'invention de J. L. Petit, est composé de deux pièces, une genouillère et une pantoufle. La genouillère doit être faite d'un cuir fort, et suffisamment matelassé. Elle embrasse la partie inférieure de la cuisse et la partie supérieure de la jambe, par deux branches qui sont fixées par deux courroies. Une plaque en cuivre est cousue et arrêtée en arrière à celle de ces branches qui porte sur la cuisse. Il s'élève de cette plaque deux montans à travers lesquels passe un treuil qui se meut sur son axe, au moyen d'une clef qui lui sert de manivelle; la pantoufle est garnie d'une courroie qui tient au talon. La courroie dont il s'agit est maintenue dans sa direction par un passant de cuir qui tient aussi en arrière à la branche inférieure de la genouillère, et elle est fixée par son extrémité au treuil sur lequel elle doit être employée. Pour placer ce bandage, on fait chausser la pantoufle; et la genouillère étant placée, on fait tourner le treuil jusqu'à ce que la courroie soit assez tendue pour que le pied ne puisse fléchir, et que la jambe ne puisse s'étendre. M. Dupuytren a perfectionné ce bandage : au talon de la pantoufle se trouve une seconde lanière de cuir, qui se rend à une boucle fixée à la partie postérieure d'une ceinture placée autour des reins. On ajoute à la genouillère une jambe de bois, de laquelle part en arrière, à angle droit, une gouttière en cuir bouilli fort épais, et bien matelassé en dedans. Au moyen de ce bandage, les malades peuvent marcher et agir sans retarder leur guérison.

DE LA TRÉPANATION.

Les instrumens dont on se sert pour cette opération sont : le trépan, le tirefond, un couteau lenticulaire, une tenaille incisive, l'élévatoire, la rugine, un bistouri à lame droite ou convexe et le méningophylax.

Du Trépan.

Cet instrument est fort ancien, puisque Celse donne la description de deux trépans qu'employait Hippocrate. L'un de ces instrumens agissait en perforant comme la tarière des charpentiers, et l'autre avait une couronne tranchante de même forme que celle qu'elle a conservée jusqu'à nous. Roger de Parme, professeur à Montpellier, remit le premier le trépan en usage. Guy-de-Chauliac (1) reproduisit le trépan avec une couronne, dans le centre de laquelle il fit le premier ajouter une pyramide ; Ambroise Paré s'attacha également à donner à cet instrument une forme plus commode; Jacques Guillemeau (2), son élève, introduisit

---

(1) Guy-de-Chauliac, ainsi appelé de Cauliaco, son lieu de naissance, village du Gévaudan, frontière de l'Auvergne, florissait vers le milieu du XIVe siècle. Il étudia et fut reçu à Montpellier. Après avoir exercé à Lyon, il se rendit à Avignon, où il fut successivement médecin des papes Clément VI, Innocent VI et Urbain V. Il fut le restaurateur de la chirurgie, et la tira d'entre les mains des barbiers. Son *Précis sur la structure du corps humain*, quoique imparfait, offre des idées remarquables ; c'est ainsi qu'il assigne des siéges différens dans le cerveau aux diverses facultés intellectuelles ; doctrine à laquelle, de nos jours, M. Gall a donné tant de développement. Il n'y a pas cent ans que ses écrits étaient encore classiques. Les chirurgiens l'appelaient leur *guidon*, par analogie avec son nom. Toutes les nations se sont accordées pour le regarder comme le premier législateur de la chirurgie.

(2) Guillemeau (Jacques), né à Orléans en 1550, mort à Paris en 1613 ; formé à l'étude de l'anatomie par Riolan, devint le disciple particulier d'Ambroise Paré, qu'il accompagna dans presque toutes ses campagnes. Il devint l'un des chirurgiens les plus distingués de l'Hôtel-Dieu de Paris. Il fut attaché comme chirurgien ordinaire auprès des rois Charles IX, Henri III et Henri IV. Ce célèbre chirurgien, inventeur de plusieurs procédés, a

l'usage des couronnes dentelées. Fabrice de Hilden, Jean Scultet, Fabrice d'Aquapendente, Bichat (1), apportèrent diverses modifications à cet instrument.

Le trépan affecte la forme du vilebrequin. Cet instrument, tout en acier, se compose de deux parties : de l'arbre et du trépan proprement dit. Cette seconde pièce se monte sur l'arbre au moyen d'une tige arrêtée par une bascule qui tient à cet arbre. La forme de cette pièce fait distinguer cet instrument en trépan perforatif, trépan couronné, et trépan exfoliatif.

Le trépan perforatif est terminé par une pointe quadrangulaire tranchante sur les côtés. Cette lame peut avoir six lignes de large à sa base, sur quatorze a quinze lignes de longueur. Les tranchans qui sont sur les côtés, sont formés

---

laissé divers ouvrages, et entre autres un intitulé : *La Chirurgie française recueillie des anciens médecins et chirurgiens, avec plusieurs figures des instrumens nécessaires pour l'opération de la main.*

(1) Bichat (Marie-François-Xavier), né en 1771, médecin de l'Hôtel-Dieu à l'âge de vingt-huit ans, exerça une influence prodigieuse sur la marche de la médecine théorique et pratique; ce digne élève de Desault périt à la fleur de son âge. M. Corvisard écrivit au Premier Consul : *Bichat vient de mourir sur un champ de bataille qui compte aussi plus d'une victime ; personne, en si peu de temps, n'a fait tant de choses, et aussi bien.*

par deux biseaux qui sont tournés de droite à gauche. La trempe de cette pointe doit être douce, de peur qu'elle ne s'égraine. L'usage le plus commun du perforatif est de percer le crâne pour y placer la pyramide du trépan.

Le trépan couronné est terminé par une scie circulaire, en forme de couronne, dont la grandeur varie depuis six lignes de diamètre jusqu'à dix; leur forme est celle d'un cône tronqué. L'intérieur de la couronne est exactement poli, et l'extérieur est garni de petits tranchans, terminés par une pointe bien acérée, un peu oblique de haut en bas, et de droite à gauche. Les dents doivent être bien affilées; à la partie supérieure de la couronne est la culasse, d'où part la tige qui se monte sur l'arbre. Cette culasse doit être percée d'un trou pour permettre de chasser avec un stylet les parties d'or engagées dans son diamètre inférieur. Le centre de la couronne porte la pyramide : c'est une tige d'acier, de forme pyramidale, qui se visse de gauche à droite dans le milieu de la culasse; sa pointe doit dépasser le niveau des dents d'une demi-ligne. Cette pyramide sert à assujettir la couronne sur le lieu qu'on se propose d'ouvrir. Comme cette pyramide dépasse les dents de la scie, il faut la retirer avant que celles-ci aient totalement détaché la pièce osseuse à enlever. On a pour cet effet une clef pareille à celles qui servent à monter les pendules, et que l'on nomme la clef de la pyramide.

Sharp (1) et quelques praticiens modernes préfèrent à la couronne conique celle de forme cylindrique, comme plus commode et plus expéditive.

L'arbre du trépan, comme nous l'avons déjà dit, est une espèce de vilebrequin; il est plus ou moins artistement travaillé; la boule qui se trouve au milieu est mobile, pour éviter à l'opérateur un frottement désagréable. La palette qui surmonte l'instrument doit être également mobile. Elle peut être en ébène, ivoire ou acier. Il est d'usage d'assortir trois couronnes de différentes dimensions pour le trépan.

M. Sirhenry (2) a apporté de nouvelles modifications au trépan; la couronne est cylindrique,

---

(1) Sharp (Samuel), né vers la fin du XVIIe siècle, mort en 1765, fut élève de Cheselden et l'un des chirurgiens les plus distingués dont s'honore l'Angleterre. Il était membre de la Société royale de Londres, associé de l'Académie royale de chirurgie, et occupa pendant long-temps la place de chirurgien en chef de l'hôpital de Guy. Il est peu de maladies sur lesquelles il n'ait présenté des idées nouvelles, peu d'opérations dont il n'ait amélioré les instrumens ou les procédés.

(2) M. Sirhenry, coutelier à Paris, a annoncé qu'il avait trouvé un damas imitant celui de Syrie, et qu'il en fabri-

comme celle de Bichat, la tige pyramidale se hausse et se baisse à volonté, et s'arrête au moyen d'une vis de pression, placée sur la tige qui supporte la couronne; elle rentre même se cacher dans son intérieur, ce qui abrège l'opération, puisqu'on n'est pas obligé de s'arrêter pour l'enlever avec la clef. Avant cette modification dans le trépan de Bichat, c'était la couronne qui s'élevait ou s'abaissait. Pour rendre cet instrument plus portatif, M. Sirhenry a imaginé de mettre des charnières aux deux endroits coudés de l'arbre du trépan; de cette manière l'arbre peut se déployer en ligne droite, et occuper moins de place dans une boîte à trépan.

---

quait des rasoirs, des lancettes et autres instrumens de chirurgie. Nous devons croire que ce damas n'est pas semblable à celui de Syrie; car, s'il en était ainsi, il ne conviendrait pas pour la fabrication des rasoirs, lancettes, bistouris, etc., sa trempe n'étant pas assez dure pour permettre d'en faire un tranchant fin. Nous pouvons nous appuyer de l'opinion de M. Bréant, de la Monnaie, qui, après de longues recherches sur la composition des damas, est convenu qu'ils n'étaient pas propres à faire des tranchans fins.

Si M. Sirhenry avait trouvé réellement un damas préférable à l'acier fondu d'Angleterre, il aurait été assez patriote, nous n'en doutons pas, pour étendre cette branche d'industrie, et nous affranchir par-là d'un tribut étranger.

Le trépan exfoliatif ressemble au perçoir de tonneau; le pivot est resserré au milieu de deux tranchans, faits par deux biseaux opposés l'un à l'autre. On employait cet instrument pour emporter la carie des os, en enlevant des espèces de feuillets; cet instrument n'est plus en usage. Un chirurgien anglais a fait construire des demi-cercles, dont le bord dentelé représente un C au lieu d'un O; ce trépan, extrêmement utile pour enlever la carie, a été introduit en France par M. Maunoir aîné, de Genève.

Du Tire-Fond.

Cet instrument a trois pouces de longueur; c'est une tige d'acier, terminée par une vis de figure conique et à pas double; elle est terminée à son extrémité supérieure par un anneau qui sert de manche. Cet instrument sert à enlever la partie osseuse séparée par la couronne du trépan. (*Voyez* tire-balle.)

Du Couteau lenticulaire.

Cet instrument est une forte tige d'acier montée fixement sur un manche; sa longueur est de deux pouces et demi. Un tranchant d'un pouce de longueur est fait à son extrémité, qui se termine par une lentille de quatre lignes de diamètre, extrêmement arrondie à son extérieur, et évidée à l'intérieur. Cette lentille est aplatie du côté du tranchant de la lame, et arrondie sur le reste. Le manche peut être en ébène, en ivoire ou en os, et ne doit pas avoir plus de deux pouces et demi de longueur.

Cet instrument sert à couper les inégalités qui se rencontrent quelquefois aux bords osseux, formés par l'application d'une couronne de trépan.

De l'Élévatoire.

Pour l'opération du trépan on se sert de trois sortes d'élévatoires : l'élévatoire ordinaire, le triploïde et celui de J. L. Petit, corrigé par Louis (1).

L'élévatoire ordinaire est une sorte de levier qui remplace la griffe ou le pied de griffon des

---

(1) Louis (Antoine), né à Metz en 1723, mort en 1792, devint professeur de physiologie et commissaire de l'Académie pour les extraits. Il obtint, en 1757, la place de substitut de Dufouart à la Charité; mais les tracasseries et les empiétemens des frères qui administraient cet hôpital lui rendirent son service si pénible et si désagréable, qu'il l'abandonna. En 1761, il fut nommé chirurgien-major consultant de l'armée du Haut-Rhin, et, en 1764, secrétaire perpétuel de l'Académie. Ce savant chirurgien a laissé plusieurs ouvrages justement appréciés.

Anciens. Il consiste en une forte tige d'acier de six à huit pouces de longueur, garnie au milieu de pommes à facettes, afin qu'il ne glisse pas entre les doigts de l'opérateur. Chaque branche est aplatie d'avant en arrière, et diminue successivement d'épaisseur jusqu'à l'extrémité, qui est terminée carrément, ou affectant une forme olivaire ou arrondie. Ces extrémités sont en outre garnies de dents transversales propres à les empêcher de glisser sur les os qu'on se propose de relever. Chaque branche de ce levier est contournée en sens inverse. Quelques élévatoires sont emmanchés, et diffèrent entre eux par la courbure de leurs branches; quelques-unes sont presque rectilignes; d'autres sont plus courbes, et certaines sont coudées; ce coude pouvant servir quelquefois de point d'appui.

Du Triploïde.

Cet élévatoire forme une espèce de trépied; trois branches qui s'écartent à leurs extrémités inférieures, sont réunies à leurs extrémités supérieures par deux plaques percées au centre par un pas de vis, pour donner passage à une quatrième branche, qui est le véritable levier. Le trépied étant posé sur le crâne, et la quatrième branche engagée dans l'os à soulever, un écrou de rappel le fait mouvoir à volonté.

Élévatoire de Petit.

Cet instrument consiste en un élévatoire droit, monté sur un manche; sa tige est plate et percée, à diverses distances, de trous taraudés disposés pour recevoir une vis placée sur un chevalet. Le chevalet est une tige d'acier de quatre pouces, légèrement cintrée; ses extrémités sont plates et garnies de coussinets; au centre est une charnière qui reçoit un boulon surmonté d'une vis propre à recevoir l'élévatoire. Cet instrument, très-simple et très-commode, manquait cependant en un point : on pouvait bien faire mouvoir l'élévatoire de haut en bas, mais non de droite à gauche. Louis, du vivant de Petit, y apporta une modification qui fut approuvée de l'inventeur; il substitua à la charnière du chevalet un genou qui permet de mouvoir l'élévatoire en tous sens. Il remplaça aussi la vis par un pivot dont le bouton doit être fixé sur l'élévatoire par une coulisse mobile.

L'élévatoire d'Ambroise Paré est composé d'une tige sur laquelle est ajusté un crochet à charnière. Cette tige, longue de trois pouces, est montée sur un manche; la charnière qui reçoit l'élévatoire est sur la partie de la tige voisine du manche. Le crochet de l'élévatoire se rabat par dessus l'autre extrémité de la tige.

La griffe, ou pied de griffon, sorte d'élévatoire employé par les Anciens, n'est plus en usage de nos jours.

La pince ou la tenaille circulaire : cette sorte d'élévatoire était employée pour saisir en sens opposé et enlever avec facilité la pièce d'os trépanée. Elle s'ouvre en deux, au moyen d'un ressort placé entre ses deux branches. Cette pince, connue des Anciens, n'est plus en usage parmi nous ; elle fait encore partie des caisses de trépan en Angleterre.

Des Rugines.

La rugine est formée d'une tige d'acier de deux pouces et demi de longueur, montée sur un manche; à l'extrémité de la tige se trouve une petite plaque d'acier carrée, d'un pouce sur une face et de huit lignes sur l'autre; cette plaque forme quatre tranchans faits par un biseau abattu de court pour donner de la force à ces tranchans. A d'autres rugines, la plaque affecte une autre forme. Supposez la plaque carrée de la première, les deux faces d'un pouce resteront telles; mais une des faces de huit lignes sera ronde, et l'autre opposée sera pointue. Ces instrumens servent à ratisser l'os du crâne.

Pag. 209.

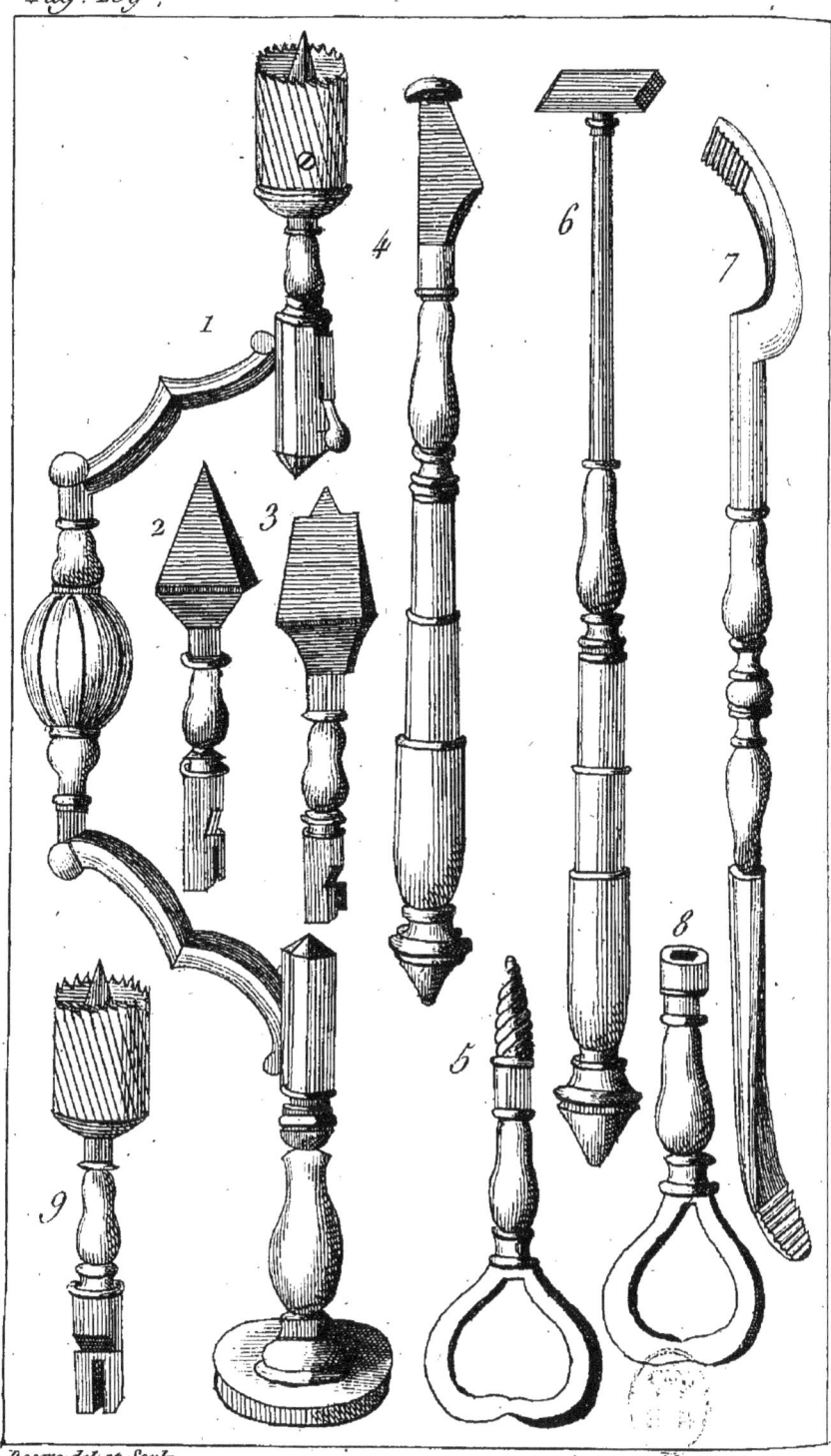

Desevo del. et Sculp.

TRÉPANATION.

Explication de la Planche.

Fig. 1. Corps du Trépan, sur lequel est une couronne.
 2. Le Perforatif.
 3. L'Exfoliatif.
 4. Couteau lenticulaire.
 5. Le Tire-fond.
 6. La Rugine.
 7. L'Élévatoire.
 8. Clef.
 9. Couronne de rechange.

Du Meningophylax.

Cet instrument consiste en une tige de la longueur de deux pouces et demi, montée sur un manche comme la rugine. Cette tige est terminée par un bouton parfaitement arrondi, de six lignes de diamètre. Son usage est d'appuyer sur la dure-mère, et de la comprimer un peu pour faire sortir le pus et les caillots.

La tenaille incisive sert à couper les esquilles; le bistouri convexe ou droit est employé pour couper le cuir chevelu.

De la Tréphine.

Cet instrument, d'origine anglaise, se compose d'une couronne de trépan, montée sur une tige droite d'acier de trois pouces de longueur; sur cette tige est placé transversalement un manche qui peut être en ébène ou en ivoire, quelquefois il est en acier comme le reste de l'instrument; chacune de ses extrémités se termine par un élévatoire. On donne six pouces de longueur à ce manche.

Cet instrument est employé pour trépaner à la main comme avec une vrille.

De la Trousse.

On appelle *trousse*, un porte-feuille garni des instrumens les plus nécessaires au chirurgien. Les instrumens qui composent ordinairement la trousse sont :

1° Deux paires de ciseaux, dont les uns droits, les autres courbes sur le plat.

2° Cinq bistouris, dont deux sont droits; l'un doit être large et l'autre très-étroit, pour la fistule lacrymale; un convexe, un droit boutonné, et un courbe pour la hernie.

3° Une pince à anneaux, destinée au pansement.

4° Une pince à disséquer.

5° Une spatule.

6° Deux sondes cannelées, et une sans cul-de-sac très-flexible.

7° Deux stylets, dont un aiguillé, et l'autre à panaris.

8° Une sonde de femme.

9° Un porte-pierre garni de nitrate d'argent fondu.

10° Un rasoir.

11° Quelques lancettes.

12° Un porte-mêche.

13° Une érigne (1) terminée par un cure-oreille.

14° Une aiguille à séton, de M. Boyer ; quelques aiguilles à suture.

La trousse, autrefois, était ordinairement un sac en velours cramoisi brodé en or, dans lequel le chirurgien resserrait pêle-mêle ses instrumens. Garengeot s'éleva fortement contre cette méthode, et conseilla de prendre le porte-feuille à cases séparées pour chaque instrument. « Il est « vrai, dit-il, qu'il est bien difficile pour plu-« sieurs de se défaire de ce sac, parce qu'étant « souvent construit d'une étoffe fort riche, et « lié avec un ruban très-parant, il sert d'étalage « et de conversation aux damerets. »

Un de nos chirurgiens en chef, à l'armée, avait fait adopter à ses aides, une giberne comme celle des officiers de cavalerie ; elle était à compartimens et contenait leurs instrumens. La trousse actuelle est en maroquin, en forme de porte-feuille, et garnie en dedans de compartimens, pour tenir chaque instrument séparé.

Voici la description de la trousse, telle qu'on

---

(1) M. J. Cloquet porte, dans sa trousse, une érigne qui se ferme comme un bistouri à ressort, ce qui est préférable, parce que l'on n'est pas exposé à déchirer sa trousse.

la trouve dans Sabatier (1). (*Édition publiée par MM. L. J. Sanson et L. J. Begin*).

Cet appareil, renfermé dans un étui, constitue à quelques additions et à quelques modifications près, la *trousse* dite *de Garengeot*. On doit y trouver :

1° Des instrumens propres à diviser les parties molles, tels que des bistouris à ressorts, droits ou bien courbés sur le dos ou sur le tranchant, aigus ou boutonnés; des ciseaux à pointe mousse et aiguë, droits, courbés sur les bords et sur le plat; quelques lancettes à saignée et à abcès; une aiguille à séton, plate et à bords tranchans; un rasoir.

---

(1) Sabatier (Raphaël-Bienvenu), né à Paris en 1732, mort en 1811. Petit et Verdier furent ses premiers maîtres; élève à la Charité, où son père avait succédé aux deux Ledran et précédé Faget, il se distingua par son zèle et son intelligence. Il fut reçu en 1752, et à vingt-quatre ans il succéda à Balleul dans la chaire d'anatomie du Collége royal de Chirurgie. Morand lui donna sa nièce, et avec elle la survivance de sa place à l'Hôtel des Invalides. En 1773, l'Académie des Sciences lui ouvrit ses portes. Chirurgien en chef de l'Hôtel des Invalides, professeur à la Faculté de Médecine de Paris, il illustra la fin du dernier siècle et le commencement de celui-ci. Napoléon l'avait nommé son chirurgien-consultant.

2° Des instrumens conducteurs, tels que des sondes cannelées, aiguës, mousses, étroites ou larges, flexibles et non flexibles, terminées en pointe, ou par un cul-de-sac, à l'une de leurs extrémités, et à l'autre par une plaque fendue ; des stylets cannelés.

3° Des instrumens propres à saisir, à fixer et à attirer les parties, tels que des pinces à disséquer, à pointe d'acier ; une érigne à crochet, simple ou double, et terminée par une curette.

4° Des instrumens destinés à explorer l'état des parties, tels que des stylets boutonnés, pleins et mousses ; une sonde de femme, avec un stylet terminé par un bouton olivaire ; une sonde à plaie, dite sonde de poitrine, formée de deux parties qui se vissent l'une sur l'autre.

5° Des instrumens propres à cautériser, tels qu'un porte-pierre armé d'un cylindre de nitrate d'argent fondu, et, si cela était possible, un petit cautère en roseau.

6° Des instrumens pour pratiquer soit des sutures, soit des ligatures de vaisseaux, tels que des aiguilles droites, courbes, de différentes dimensions, avec des fils cirés.

7° Enfin, les instrumens spécialement destinés aux pansemens, c'est-à-dire la spatule, la pince à anneaux et le porte-mèche.

Tous ces instrumens peuvent être faits en acier, en argent ou en or, à l'exception des lames, qui doivent être d'acier fondu, bien trempé et parfaitement poli. Nous allons en donner la description détaillée.

Des Ciseaux.

La forme et l'utilité des ciseaux a occupé un assez grand nombre de praticiens célèbres, et notamment l'un des plus remarquables parmi nos chirurgiens militaires, M. le professeur Percy. On emploie, pour leur fabrication, l'acier fondu. Les tranchans des lames doivent être parfaitement égaux en dureté. Quelques praticiens ont préféré le biseau arrondi, parce qu'il laisse bien plus de force aux lames; mais un plus grand nombre demande les lames évidées; lorsque le dos de cette lame est maintenu, elle est aussi forte que les autres, et coupe mieux; le biseau qui règne sur le tranchant, est bien essentiel pour que ces mêmes tranchans aient assez de force pour pouvoir frotter suffisamment entre eux sans s'éclater, sans s'entamer, et surtout sans se laisser détourner latéralement; il est important qu'il soit fait avec une pierre dont le grain ne soit pas trop fin, pour que le tranchant, au lieu d'être poli, soit au contraire garni de dents assez sensibles pour retenir les parties, et les entamer assez profondément avant de les laisser glisser.

La longueur commune des ciseaux doit être

d'environ cinq pouces; ils sont composés de deux tranchans placés au bout de deux leviers terminés par des anneaux; ces branches se croisent et s'unissent par une vis qui partage leur longueur en deux moitiés; plus la longueur des leviers l'emporte sur celle des lames, plus l'action des ciseaux est avantageuse; on donne ordinairement à la lame un tiers de la longueur totale. Les anneaux doivent être ronds et polis en dedans, pour ne point blesser les doigts, et plats à l'extérieur pour ne point gêner le rapprochement des autres doigts. Les lames doivent être légèrement recourbées l'une vers l'autre, dans le sens de leur épaisseur; c'est ce qu'on appelle l'envoilure. On a proposé d'adoucir ou même de faire disparaître la vive-arête qui règne le long du dos des lames; mais quelques praticiens la jugent très-importante, parce qu'elle résiste à l'effort par lequel les parties à diviser tendent à éloigner les lames entre elles et à les rejeter en-dehors. Les pointes doivent être mousses; quelques praticiens cependant en désirent avec une pointe aiguë, et l'autre mousse, ou terminée par un petit bouton sur le dos de la lame.

La forme des ciseaux varie suivant les opérations auxquelles on les emploie; les ciseaux droits dont nous venons de donner la description, sont les plus usités; les autres sont faits d'après les mêmes principes, et ne diffèrent que par leur forme.

Les ciseaux courbes sur le plat sont très-souvent employés dans les excisions ainsi que dans les extirpations d'excroissances et de tumeurs situées dans des lieux excavés; ils doivent être faits suivant les principes précédens; mais les ciseaux étant placés sur une surface plate, la courbure s'élève légèrement à partir de l'entablure.

Les ciseaux coudés peuvent l'être dans la direction de leurs bords, ou dans celle de leurs faces; ceux coudés sur leurs bords sont quelquefois employés à la place des ciseaux courbes; les lames droites forment, avec les branches, un angle d'environ 100 degrés; les anneaux sont adaptés l'un à la partie interne de la branche, qui correspond à l'extérieur de l'angle, et l'autre à la partie externe de la branche opposée; les pointes sont mousses. Les ciseux coudés sur le plat forment le même angle que ceux courbés sur les bords; ils sont aussi employés à la place des ciseaux courbes sur le plat, quand il s'agit d'exciser des lambeaux de tégumens détachés du tissu cellulaire.

Les ciseaux courbes sur le côté sont faits d'après les mêmes principes que les ciseaux courbes sur le plat; ils remplacent, dans certains cas, les ciseaux droits.

En général, on exige dans les ciseaux qu'ils soient faits en acier fondu ; que les lames soient assez fortes, que le biseau soit bien ménagé, et que les branches jouent bien à l'entablure sans vaciller. Les branches maintenant, au lieu d'être écartées, quoique les ciseaux soient fermés, doivent, d'après la méthode de M. Percy, se toucher ; à cet effet on a jeté les anneaux en-dehors, et les branches viennent toucher sur leurs côtés internes. Garengeot engage à choisir des ciseaux dont les anneaux soient conformes au volume des doigts. Depuis long-temps on a reconnu l'inconvénient des ciseaux dont les branches étaient en argent, ce luxe inutile peut nuire à la solidité de l'instrument.

Des Bistouris.

Les Anciens donnaient la dénomination de *couteaux* à tous leurs instrumens tranchans ; depuis long-temps on leur a donné divers noms selon leurs usages ou leurs formes. Le bistouri est un des instrumens tranchans le plus usité ; il y en a de différentes formes.

Le bistouri droit est le plus ancien ; sa lame doit être faite d'acier fondu ; sa longueur est ordinairement de deux pouces, non compris le talon qui est de sept à huit lignes. Sa forme représente une pyramide régulière, dont le dos et le tranchant forment les deux côtés. Le tranchant doit être bien affilé, le dos évidé et droit, et la pointe, résultante de la rencontre, à angle très-aigu, du dos et du tranchant, très-acérée sur les bords; son manche ou châsse peut être en corne, écaille, nacre ou ivoire, etc.; il se termine en virgule dont la base est légèrement contournée vers la lame. On emploie diverses méthodes pour assujettir la lame sur sa châsse.

La plus ordinaire est un clou rond, à tête ou rosette, qui permet à la lame de se cacher entre les jumelles de cette dernière; le talon alors est terminé par une tête qui arrête la lame sur sa châsse, et l'empêche de s'ouvrir davantage qu'en ligne droite; c'est ce que l'on appelle bistouri à lentille. Une autre manière est de les monter avec un ressort, comme les couteaux ordinaires; ils ont l'inconvénient de ne pouvoir être nettoyés comme les autres, parce que l'on ne peut pas passer de linge entre les jumelles.

Quelques-uns sont montés de manière que la lame s'adapte à volonté sur le manche, à l'aide d'un ressort qu'il contient; ils offrent l'avantage de pouvoir changer de lame à volonté.

Quelques praticiens en font faire dont la châsse est égale dans toute sa longueur; ils l'entourent d'un anneau coulant, qui glisse aisément d'une rosette à l'autre, et retient la lame fixe ou mouvante à volonté; mais ce mécanisme ne peut s'adapter que sur les bistouris à lame droite. D'autres sont assemblés au moyen d'un clou aplati dans le sens de la largeur de la châsse, et d'un trou rond qui se prolonge en forme de fente vers le haut du talon de la lame; la queue est terminée par un marteau, sur lequel on presse pour la faire descendre, le clou aplati s'engage dans la fente, et assujettit la lame.

Quelques-uns enfin sont montés d'une manière fixe, comme les couteaux de table; ils ont l'inconvénient de ne pouvoir être mis dans une trousse, et nécessitent des étuis particuliers.

La première méthode, c'est-à-dire ceux qui s'ouvrent et se ferment à volonté, comme les couteaux appelés vulgairement *eustaches*, sont les plus usités, et, selon les praticiens, les plus commodes.

Quelques bistouris droits sont à lames tronquées carrément, ou bien arrondies comme celles du rasoir.

Le bistouri droit aigu s'emploie ordinairement dans le cas où il s'agit de faire une ponction, comme dans l'ouverture d'un abcès, etc. Le bistouri droit tronqué est plus avantageux lorsqu'il faut faire des incisions d'une certaine étendue.

Le bistouri courbe a une lame pyramidale, mais recourbée légèrement sur sa longueur; la convexité est sur le tranchant, et le dos affecte une forme concave.

Le bistouri courbe boutonné est de l'invention de M. Polt (1); la lame, semblable à celle du bistouri courbe, est terminée par un bouton ; son usage est d'inciser l'arcade crurale, l'anneau inguinal, etc.

Le bistouri courbe herniaire de M. Cowper (2), est plus commode, et expose à moins d'accidens; sa lame est courbe comme le précédent, mais elle n'a qu'un tranchant de huit lignes, situé à cinq lignes de la pointe; ces cinq dernières lignes ne sont pas tranchantes, et se terminent par un bouton comme le précédent. M. Delpech a sup-

---

(1) Polt (Percival), le même dont il a été parlé plus haut, était contemporain de Cheselden, de Sharp et des deux Hunter; il fleurit à l'époque la plus remarquable de la chirurgie moderne; il fut d'abord destiné à l'état ecclésiastique; mais son goût pour la chirurgie fut si persévérant, qu'il fallut lui faire embrasser cette carrière. Sa réputation fit des progrès rapides. Après avoir surmonté les premières difficultés que présente l'art de parler en public, il se livra à l'enseignement de la chirurgie. Il était un des principaux chirurgiens de l'hôpital Saint-Barthélemi à Londres.

(2) Cowper (Guillaume), mort en 1710, célèbre anatomiste et chirurgien de Londres, s'est distingué particulièrement par son habileté dans l'art des injections,

primé ce bouton comme inutile, et y a substitué une pointe mousse et arrondie.

On fait aussi des bistouris à tranchant convexe et à dos droit.

Le bistouri à tranchant concave est peu usité; on s'en servait pour l'amputation des parties cylindriques; on a reconnu qu'il avait le désavantage d'en embrasser trop à-la-fois, ce qui rendait la section plus difficile.

Les Anglais ont introduit un changement aux lames du bistouri, que nos praticiens ont jugé avantageux; le tranchant, au lieu de s'étendre sur toute la longueur de la lame, s'arrête à six ou huit lignes de la châsse; dans cet endroit, la lame dans sa largeur a toute son épaisseur, ce qui permet à l'opérateur de la saisir sans se blesser, et de pouvoir la conduire plus sûrement. M. Lisfranc au contraire exige que le tranchant déborde le talon.

Il existait encore plusieurs autres sortes de bistouris; mais comme ils ne sont plus en usage de nos jours, nous n'en donnerons que la nomenclature.

---

et par les riches ouvrages qu'il a publiés. Il était membre de la Société royale de Londres. On lui reproche d'avoir publié sous son nom cent cinq planches anatomiques qui appartenaient à Bidloo, et de n'avoir répondu que par des sarcasmes aux justes réclamations de celui-ci.

Le bistouri caché appelé par Scultet (1) *attrape lourdeau*, était renfermé dans une gaîne à rainure, dont un ressort le faisait sortir. Les bistouris cachés ne sont presque employés, de nos jours, que dans l'opération de la taille, suivant le procédé du frère Côme.

L'invention de cet instrument fut mal à propos attribuée à Bienaise, puisque Scultet en donna une description long-temps avant lui.

Le bistouri préparé à la lime est de l'invention J.-L. Petit; son tranchant était mousse et terminé à la pointe par un bouton; on s'en servait pour débrider l'anneau inguinal.

Le bistouri royal, ainsi nommé parce qu'il fut inventé pour opérer Louis XIV de la fistule à l'anus, était construit comme les bistouris ordinaires; la lame était plus étroite, et se terminait par une petite sonde de cinq lignes, et boutonnée, ou par une pointe avec un œil pour passer un ruban de fil. Il n'est plus en usage.

---

(1) Scultet (Jean), né à Ulm en 1595, mort en 1645 dans sa patrie, était fils d'un simple batelier; il étudia à Padoue, et prit le grade de docteur en 1621. Il revint dans sa patrie pratiquer la chirurgie, et acquit une grande célébrité. On lui doit un grand travail sur les instrumens de chirurgie. On lui reprochait d'ordonner les opérations avec trop de précipitation.

Le bistouri à chape, celui cannelé, et une foule d'autres sont tombés en désuétude.

On exige en général, dans un bon bistouri, que sa lame joue bien dans sa charnière, qu'elle soit de bon acier, qu'elle soit forte sans être trop épaisse, que son tranchant soit bien affilé, et que la pointe soit bien aiguë sans être trop faible.

Des Pinces.

Les pinces étaient désignées, par les anciens auteurs, par les noms de tenailles et de pincettes; mais ces dénominations impropres n'ont plus lieu. Les pinces servent à panser les plaies, les ulcères, les fistules, saisir les tumeurs, ou à extraire les corps étrangers; il y en a de différens genres.

Les pinces à anneaux sont composées de deux branches d'égale longueur, arrondies sur le côté extérieur, et planes sur l'intérieur, en sorte que la pince étant fermée, elles se joignent parfaitement. Ces deux branches sont unies ensemble par jonction passée. La partie antérieure de la pince appelée *le Bec*, a deux ou trois pouces de longueur; cette partie des branches se termine par un bec émoussé et arrondi à l'extérieur; la partie intérieure est garnie de dentelures transversales dans la longueur de quatre à cinq lignes. Cette partie antérieure s'entrouvre légèrement vers le centre, afin que son extrémité se joigne mieux et pince davantage lorsque l'on ferme l'instrument. Garengeot avait conseillé de pratiquer des cavités dentelées à l'extrémité interne du bec; mais cette modification n'est pas admise. La partie postérieure de la pince est longue de deux pouces, et se termine, comme les ciseaux, par deux anneaux adaptés à ses côtés externes. La pince étant fermée, cette partie postérieure doit se joindre parfaitement. Pour les pansemens, on préfère les pinces dont les branches antérieures sont plus longues, tandis que, pour l'extraction des corps étrangers, on choisit celle dont cette partie est plus courte, parce que le levier étant plus long, elles ont plus de force. La longueur totale de cet instrument est de cinq pouces et demi.

On exige qu'une pince soit d'un beau poli, que ses branches soient fortes, que l'extrémité antérieure, ou le bec, joigne bien, que la jonction passée soit bien faite, et que cet instrument soit dans les dimensions voulues. On en fait en or, en argent ou en vermeil, mais celles d'acier sont toujours préférées par les praticiens.

Pinces à dissection *(Voyez Dissection.)*

Pinces à polype *(Voyez Polype.)*

Pinces de Museux; cet instrument fut inventé par Museux, chirurgien à Reims. Elles ont six pouces de long et sont courbes; leurs branches sont terminées par une double érigne. Cet instrument sert dans nombre d'opérations ; dans la résection de l'amygdale, pour attirer au-dehors le col utérin cancéreux, pour saisir différentes tumeurs, etc.

De la Spatule.

Cet instrument doit avoir cinq pouces deux ou quatre lignes au plus ; il est composé d'une tige droite, plate, forte, et longue de trois pouces deux lignes ; la largeur est de trois à quatre lignes, elle est terminée à l'une de ses extrémités par une plaque ovoïde légèrement recourbée sur l'une de ses faces ; cette plaque doit avoir deux pouces deux lignes de long, sur une ligne et demie d'épaisseur. L'autre extrémité de la spatule est plus petite, plus solide que la première, et recourbée en sens contraire. On fait sur sa surface concave de petites rainures transversales, ce qui la rend propre à servir de levier. La matière des spatules est différente : celles qui servent aux chirurgiens sont de fer ou d'argent ; ces dernières s'oxident moins, mais elles sont moins fortes que les premières. Celles qui servent aux apothicaires sont de fer, de bois, ou d'ivoire ; elles ont quelquefois un pied de long, et souvent davantage.

La spatule sert à étendre les onguens et les digestifs sur le linge ou la charpie ; on s'en sert aussi comme de levier dans les plaies de tête, pour ramener les pièces d'os renfoncées au niveau des autres parties du crâne. Elle remplace aussi l'instrument connu sous le nom de feuille de myrte.

On exige qu'une spatule soit bien polie, et que sa branche soit forte sans être trop épaisse. La spatule anglaise est large de six lignes dans sa longueur jusqu'à son extrémité, qui, comme la nôtre, représente une plaque ovoïde, mais flexible.

Du Porte-mèche.

Le porte-mèche est formé d'une tige longue de quatre à cinq pouces, légèrement bifurquée à l'une de ses extrémités, et garnie à l'autre d'un bouton. Cet instrument sert pour porter dans les plaies, et particulièrement pour celles qui résultent de l'opération de la fistule à l'anus, des mèches dont on appuie la partie moyenne sur son échancrure. On en fait en acier ou en argent.

Du Porte-pierre infernale.

Cet instrument est fait en forme de petit porte-crayon, et s'enferme dans un étui fermant à vis.

Le porte-pierre est toujours en argent, mais l'étui peut être en ébène, ivoire ou argent, or ou platine. Cet instrument, garni d'un morceau de pierre infernale, ou nitrate d'argent fondu, sert pour la cautérisation.

Du Rasoir.

Le rasoir qui fait partie de la trousse, est semblable à ceux dont on se sert journellement; mais il est plus petit et à lame tronquée. La lame doit être de bon acier et bien affilée; le manche est en corne, os ou ivoire. Il sert à raser les parties que l'on veut opérer.

Des Lancettes.

On ignore le nom de l'inventeur de cet instrument; ce ne fut que dans le treizième siècle que l'on s'en servit en France et en Italie; mais beaucoup de nations ne le connurent que plus tard. Albucasis pratiquait la saignée avec un instrument à pointe alongée, nommé *phlebotome myrtiforme*, ou avec un stylet, qu'il enfonçait en frottant sur son extrémité avec un petit bâton. La lancette est composée d'une lame et d'une châsse. La lame, faite en acier fondu et bien trempé, est longue de huit à dix lignes, et large de quatre lignes à son talon. Sa forme est pyramidale, son extrémité est polie, et terminée par une pointe aiguë à bords tranchans et légèrement convexes. Elle est attachée à sa châsse par un clou qui lui permet de se mouvoir librement. La châsse n'est point attachée à son extrémité; chaque côté peut s'ouvrir en tous sens, ce qui donne la facilité d'essuyer la lame; cette chasse est en corne, écaille, nacre de perle, etc. Il y a des lancettes qui diffèrent par la forme de leurs pointes : si l'angle que forme les bords de la lame est très-ouvert, si la pointe est un peu large, on l'appelle lancette à grain d'orge; si l'angle est moins ouvert et la pointe plus alongée, elle est appelée à grain d'avoine; si l'angle est très-aigu et les côtés échancrés, elle est nommée lancette à langue de serpent. La lancette à abcès est plus grande, à angle très-ouvert, et présente une échancrure sur l'un de ses bords; sa pointe est celle de la lancette à grain d'orge.

On se sert de la lancette à langue de serpent pour l'opération de la vaccine. On emploie rarement la lancette à grain d'avoine; mais on préfère celle dite à grain d'orge. Quelques praticiens font usage de la lancette à petit fer. La lancette à l'espagnol est une sorte de scalpel à deux tranchans; c'est une lancette fort longue, dont le talon est très-prolongé, et qui est monté dans une châsse comme les nôtres. On l'emploie pour les saignées aux pieds.

Les lithotomes de Colot (1), de Raw, de Mareschal (2) et de Moreau (3), sont de véritables lancettes, sauf leur dimension qui est beaucoup plus grande.

On appelle flammette une petite boîte qui contient une lame qu'un ressort fait partir. Cette boîte est en cuivre. Cet instrument, que l'on ne peut diriger à volonté, est peu en usage.

---

(1) Colot (Laurent) vivait dans le milieu du XVIe siècle. Ce célèbre lithotomiste, possesseur de la méthode secrète d'Octavien da Villa, s'acquit une réputation telle qu'en 1556 Henri II, pour le fixer à Paris, créa en sa faveur une charge de lithotomiste de la Cour. On vit accourir à Paris les malheureux calculeux de tous les pays. Ses deux fils ne furent pas moins habiles.

(2) Mareschal (Georges), né à Calais en 1658, mort en 1736, fit en anatomie de grands progrès; il épousa la fille de Roger, chirurgien de la Charité, et remplaça Morel que ses infirmités obligèrent de se retirer. En 1696, il fut appelé en consultation pour un abcès que le roi avait à la nuque; il plut à Félix qui le désigna pour son successeur, et obtint cette place en 1703. Ce célèbre praticien, qui était l'oracle de tous ses confrères, n'a pas laissé d'ouvrages. Il opérait avec une rare dextérité, et se distinguait spécialement dans l'opération de la taille.

(3) Moreau (René), né en 1587, à Montreuil-Bellay (Anjou), mort à Paris en 1656, remplit avec distinction la chaire de médecine et de chirurgie au Collége royal.

Le lancetier est un petit étui cylindrique à compartimens ; il contient un assortiment de six lancettes.

Une bonne lancette doit être faite avec le plus grand soin ; on exige qu'elle soit en acier fondu, d'un grain serré et bien trempé. On s'assure de la bonté de sa pointe en l'essayant sur une peau de chevreuil préparée. Les praticiens se servent rarement plusieurs fois d'une lancette sans la faire repasser. Cet affilage demande beaucoup de soins ; il se fait avec trois pierres, dont les pores sont successivement plus serrés.

Des Aiguilles.

Pour la suture de la peau on se servait d'aiguilles courbes du côté de leur pointe, et droites vers le talon. Leur tête, moins volumineuse que le corps, est percée d'une ouverture oblongue entre deux rainures pratiquées pour loger les fils. La tête est arrondie, mais l'autre extrémité est formée par un triangle dont les angles se joignent pour former une pointe aiguë. Ces aiguilles sont aujourd'hui remplacées par d'autres jugées plus commodes. Elles ont une forme à peu près demi-circulaire ; la pointe représente un fer de lance, les deux côtés sont tranchans, et occupent environ le cinquième de longueur ; le reste est terminé par des angles arrondis ; le corps de l'aiguille a la même largeur et la même épaisseur dans toute son étendue; mais les côtés, arrondis, sont un peu plus minces que le centre; le talon est percé par une ouverture carrée au-dessus de laquelle est pratiquée de chaque côté une rainure pour loger les fils. Quelques praticiens ont modifié ces aiguilles en leur donnant une pointe très-acérée au lieu de fer de lance.

La forme des aiguilles chirurgicales varie selon l'opération à pratiquer. On en possède pour la suture de la peau, des tendons, des intestins, pour la ligature des artères, pour l'opération de la fistule à l'anus, pour celle du séton, pour la réunion du bec-de-lièvre, pour l'abaissement du cristallin, pour la variole, la vaccine, l'acupuncture, etc.

Maynard et Bienaise inventèrent des aiguilles pour la suture des tendons. Elles forment un demi-cercle vers la pointe, et sont droites vers le talon; leur corps est arrondi dans la partie convexe, et il présente un tranchant dans la partie concave; le talon est plat et percé comme les aiguilles ordinaires.

Les aiguilles pour les solutions de continuité à l'estomac et aux intestins sont arrondies comme celles des tailleurs, mais légèrement courbes.

On possède plusieurs aiguilles pour l'anévrisme

des artères. La plus ancienne a une tête terminée par une petite plaque, pour qu'on puisse la diriger avec plus de sûreté; elle est ronde, très-courbée, son extrémité est arrondie, légèrement aplatie et garnie d'un œil pour introduire les fils.

Petit en a inventé une qui est plate, les bords sont émoussés et percés de deux trous différens, pour passer les fils et les faire ressortir par le même côté.

Une autre est de l'invention de Desault. Elle est composée d'une gaîne d'argent recourbée en demi-cercle vers son extrémité inférieure. Cette gaîne renferme une tige élastique percée d'une fente pour l'introduction des fils.

L'aiguille de Deschamps ressemble, à quelques modifications près, à celle attribuée à Paupe. Elle se compose d'un manche aplati, d'une tige arrondie, et d'une portion de cercle. Le manche a trois pouces et demi de longueur, et la tige en a quatre et demi. Son extrémité figure un demi-cercle de cinq lignes et demie de rayon. Elle s'élargit et s'aplatit à mesure qu'elle approche de la pointe, qui est obtuse, et qui a trois lignes de largeur; à quelque distance de cette pointe est pratiquée une ouverture qui doit recevoir la ligature. Goulard, chirurgien de Montpellier, a inventé, pour la même opération, une algalie dont la tête est en forme de plaque, le corps alongé et cylindrique; la pointe est tranchante des deux côtés, percée de deux trous, et garnie sur sa convexité d'une rainure propre à loger les fils (1).

L'aiguille pour la fistule à l'anus est une tige d'argent plate et flexible, plus large à la tête, qui est percée par une large ouverture, et diminuant insensiblement jusqu'à sa pointe. L'une des faces de cet instrument est garnie d'une rainure qui se termine à quelques lignes de l'extrémité. Cet instrument est remplacé aujourd'hui par une sonde cannelée.

L'aiguille à séton est une verge d'acier dont la tête est moins large que le centre; elle est percée d'un trou pour l'introduction des effilées; la pointe est acérée et les côtés forment deux tranchans. Sa longueur est de trois pouces : elle est de l'invention de M. Boyer.

Les aiguilles pour le bec-de-lièvre ont souvent varié de forme. On s'est long-temps servi d'aiguilles montées sur un porte-aiguille : on en a fait d'autres dont la pointe était en fer de lance; d'autres sont droites, cylindriques, et leur pointe aplatie et tranchante sur les côtés. Les aiguilles de J. L. Petit étaient en or ou en argent; elles

---

(1) Cette aiguille, remise en usage par MM. Paupe et Deschamps, était déjà connue; on en trouve une description dans un mémoire de Caza Major, Laplace, et dans la Pratique de chirurgie de Guizard.

étaient introduites par une autre aiguille dont le talon était évidé et dans lequel on les introduisait. D'autres sont en argent et garnies d'une pointe d'acier, d'après Sharp. Les aiguilles de Lafaye étaient longues, flexibles et en cuivre.

Le porte-aiguille est un instrument dont on se sert pour embrasser les aiguilles et leur donner plus de longueur, lorsqu'elles sont si fines et si petites qu'il serait difficile de les tenir avec les doigts; il consiste en une tige d'acier ou d'argent, longue de deux pouces, fendue dans presque toute sa longueur en deux branches, pour former une espèce de pince que l'on serre au moyen d'un anneau; au-dedans de chaque branche est une petite rainure longitudinale pour loger la tête de l'aiguille; elles se tiennent écartées par leur propre ressort, et se rapprochent quand on descend l'anneau. La partie postérieure de la tige qui sert de manche est une petite tête creuse, garnie dans sa cavité de trous semblables à ceux d'un dez à coudre : ils servent à pousser l'aiguille au besoin.

Bell recommandait une autre espèce de porte-aiguille fait en forme de tenailles; les mâchoires avaient un demi-pouce de long, et étaient garnies d'une rainure pour embrasser l'aiguille. Les branches de cet instrument, longues d'environ quatre pouces, se tenaient écartées par l'effet d'un ressort placé sur l'une d'elles. (*Pour les* autres aiguilles, voyez Cataracte, Variole, Vaccine, etc.)

De l'Érigne.

L'érigne était autrefois composée de deux parties : le manche et la tige. La tige est une verge d'acier cylindrique de trois pouces de long; son extrémité est recourbée, crochue et très-pointue; cette tige est fixée sur un manche en bois, au moyen d'une soie qui le traverse; ce manche peut avoir six lignes de diamètre sur trois pouces de longueur; il est taillé à pans pour être tenu avec plus de facilité. L'érigne double est semblable à celle que nous venons de décrire; mais son extrémité, au lieu de se terminer par un seul crochet, en a deux.

L'érigne, en usage aujourd'hui, est une tige d'or, d'argent ou d'acier, ronde dans toute son étendue, de cinq pouces de longueur, et terminée à l'une de ses extrémités par un crochet, et à l'autre par une curette : ce crochet doit toujours être en acier. Cette érigne peut aussi former la double érigne; à cet effet, la partie de l'érigne terminée par le crochet, est fendue dans sa longueur jusqu'à moitié de l'instrument; un anneau retient serrées ces deux parties, qui s'écartent naturellement lorsqu'on le fait remonter. On met maintenant dans les trousses, une érigne qui se ferme comme le bistouri ; ses branches sont plates, percées d'une rainure dans laquelle glisse un bouton à deux têtes. Il est encore d'autres formes d'érignes dont on se sert pour la dissection. (*Voyez ce mot.*)

De la Sonde cannelée.

La sonde cannelée est formée par une tige cylindrique de fer ou d'argent, terminée par une plaque fendue dans son milieu. Sur toute la longueur de cette tige est pratiquée une gouttière ou rainure ; sa longueur doit être de quatre pouces six lignes sur trois lignes de diamètre à son commencement, et diminuer insensiblement de largeur jusqu'à son extrémité, qui doit être réduite à une ligne et demie. Cette sonde, à son extrémité, doit être terminée par un cul-de-sac qui termine la rainure. De pareilles sondes sont faites sans cul-de-sac, et sont appelées sondes ouvertes. Cet instrument sert à sonder les plaies et à y conduire un bistouri pour les inciser ou les débrider.

On exige, dans cet instrument, qu'il soit fait avec un métal flexible, afin que, selon l'occasion, on puisse lui faire prendre la courbure que l'on désire ; la rainure ou cannelure doit être parfaitement polie, et ne présenter aucune aspérité, afin que le bistouri glisse aisément dessus.

Sonde de Femme.

Cet instrument est un tube d'argent, long de six à huit pouces, sur trois lignes de diamètre, fermé à son extrémité, mais ayant sur les côtés deux yeux pour faciliter la sortie des urines. L'autre extrémité est ouverte et garnie d'un anneau. Cette sonde est légèrement inclinée vers la pointe ; elle prend aussi le nom de sonde de poitrine, parce que son extrémité mousse et sa forme ronde permettent de l'employer pour reconnaître les lésions de cette partie. Dans les dissections on l'emploie aussi pour souffler de l'air dans les intestins.

On met maintenant dans les trousses, des sondes qui peuvent servir pour homme et pour femme. Cet instrument est composé d'une sonde de femme qui se démonte à un pouce de son extrémité, afin d'y adapter, au moyen d'un pas de vis, un bout beaucoup plus long et plus courbe, pour servir aux hommes.

Des Stylets, de la Sonde à Panaris.

Le stylet est une espèce de petite sonde longue et mince. Cet instrument est en or, en argent, et plus souvent en acier peu trempé, pour qu'il soit plus flexible.

La sonde à panaris est très-petite, en argent, pleine et flexible; son extrémité est terminée par un petit renflement. On s'en sert pour reconnaître la profondeur des plaies situées dans les parties tendineuses.

Le stylet d'Anel, pour l'opération de la fistule lacrymale, consiste en un stylet d'argent, de trois lignes de diamètre, sur trois pouces de longueur; une extrémité est mousse et l'autre est percée d'un œil pour passer un séton.

Le stylet sert dans un grand nombre d'occasions, surtout pour s'assurer du trajet des fistules.

Le stylet aiguillé a cinq pouces de longueur; une de ses extrémités est percée par une ouverture de cinq lignes de longueur sur une de large, et l'autre est terminée par un petit bouton. Cette aiguille sert à passer le séton quand on fait l'ouverture avec le bistouri. Ce stylet peut être remplacé par l'aiguille de M. Boyer : elle est plate, longue de cinq à six pouces, large de cinq à six lignes, terminée en pointe de lancette par une de ses extrémités, et percée à l'autre d'une ouverture qui occupe presque toute sa largeur.

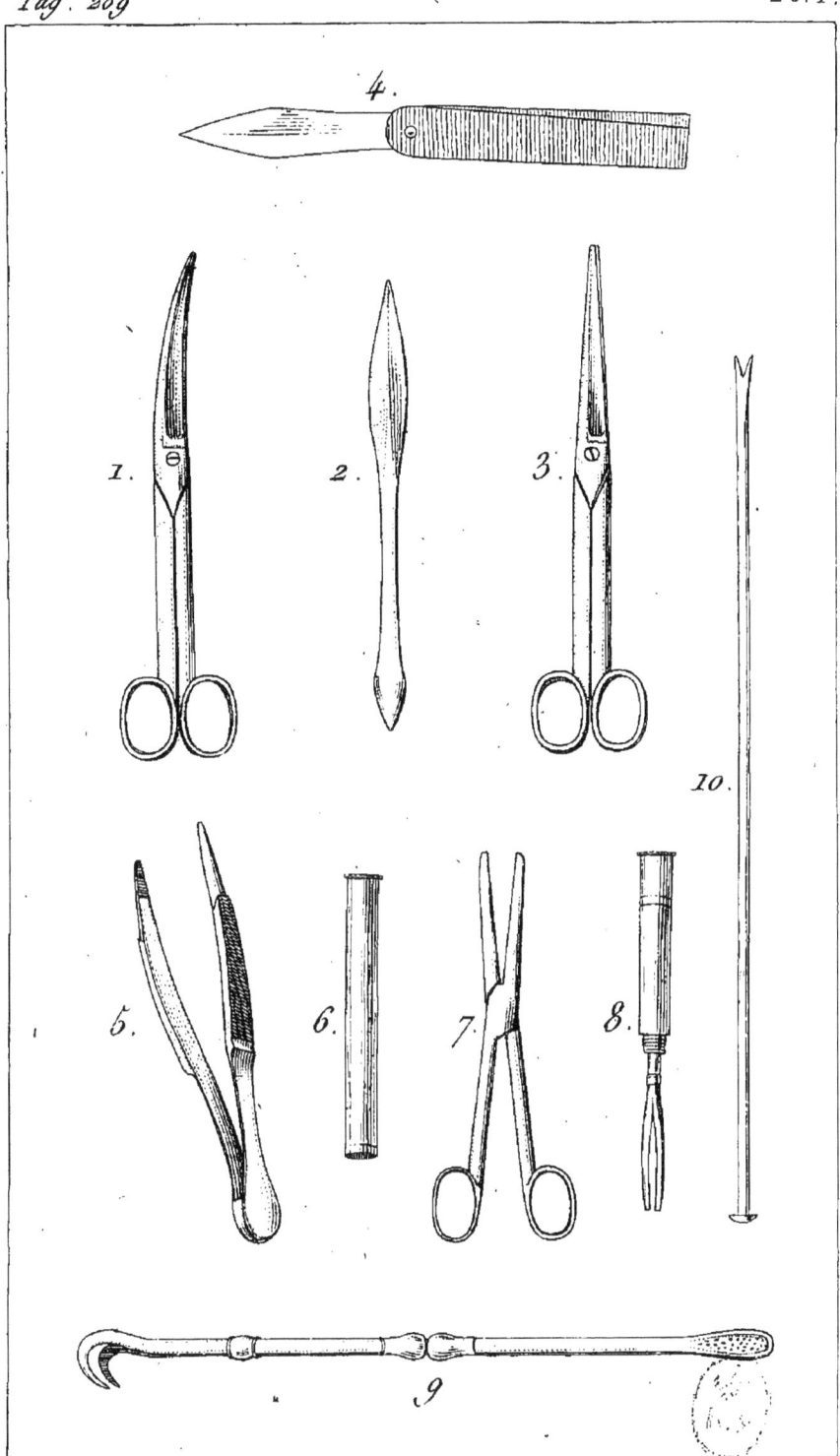

DE LA TROUSSE.

Explication de la première Planche.

Fig. 1. Une paire de Ciseaux courbes sur le plat, d'après M. le baron Percy.
2. Une Spatule.
3. Ciseaux droits.
4. Lancette.
5. Une Pince à dissection.
6. L'Étui renfermant le Porte-nitrate.
7. Une Pince à pansemens.
8. Le Porte-nitrate.
9. Une Érigne à curette.
10. Porte-mèche.

DE LA TROUSSE.

Explication de la deuxième Planche.

Fig. 1. Bistouri convexe à ressort.
    2. Stylet cannelé.
    3. Une Aiguille à séton, de M. le professeur Boyer.
    4. Un Stylet à aiguille.
    5. Bistouri droit.
    6. Bistouri droit boutonné.
    7. Une Sonde cannelée.
    8. Une Sonde de femme qui se démonte.
    9. Bout de Sonde, pour former la Sonde d'homme.

page 299.

Pag. 299. Pl. 2.

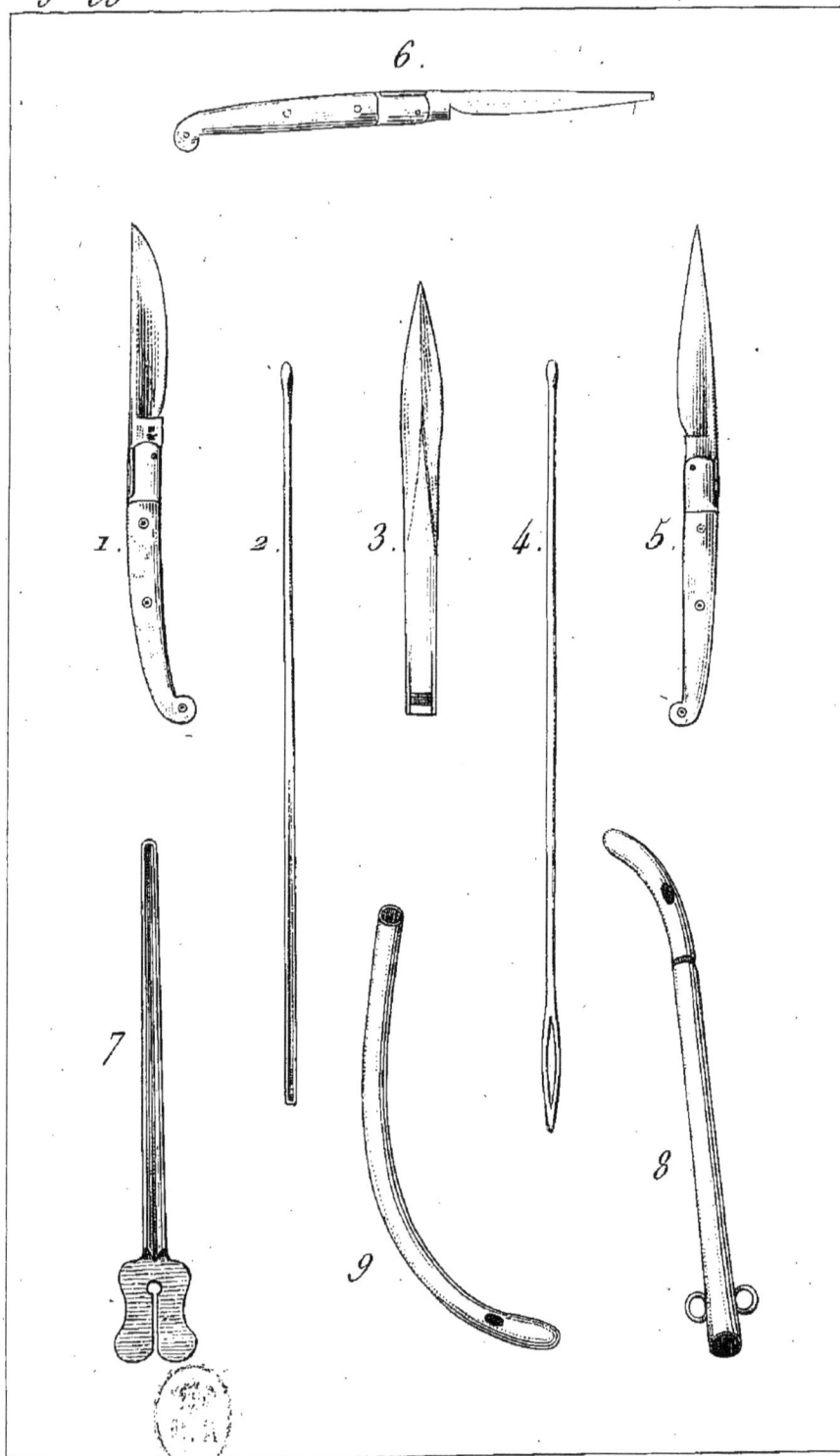

De la Sonde brisée.

On désigne ainsi une sonde de dix-huit pouces, composée de deux parties égales, pleines, qui se vissent l'une sur l'autre au besoin. Une des pièces de cette sonde a une ouverture au sommet, de sorte qu'on peut s'en servir pour passer des mèches de séton. Cet instrument sert à explorer les plaies profondes ; on l'emploie aussi lors de la ponction abdominale, pour repousser les intestins qui viennent boucher la canule du trocart. (*Pour la description des autres sondes en usage, voyez aux mots* Cathétérisme, Lithotomie *et* Fistule urinaire.)

VACCINATION.

On s'est servi habituellement d'une lancette pour inoculer la petite vérole ; on adopta cet instrument pour l'inoculation de la vaccine, mais on y a substitué des aiguilles longues de deux pouces et demi ; leur tige arrondie se termine en fer de lance creusé dans sa longueur d'une gouttière qui va en diminuant jusqu'à la pointe de l'instrument ; cependant M. Husson préfère une petite lance très-plate à sa pointe, et assez large à l'endroit où elle est fixée aux châsses qui la recouvrent, pour que les doigts puissent la tenir aisément. Quelques praticiens emploient simplement l'aiguille à coudre, qu'ils introduisent entre l'épiderme et la peau par un mouvement de rotation.

Pour vacciner avec le vaccin sec, on ne peut employer les lancettes d'acier, qui s'oxident très-promptement par l'action du vaccin; on y a substitué des lancettes d'or, d'argent, d'écaille ou d'ivoire. On pratique d'avance une ouverture avec la lancette d'acier.

On emploie des petits tubes de verre pour conserver le vaccin.

L'aiguille de Fouquet, (1) pour l'insertion de la variole, est aplatie, et creusée d'un côté par une gouttière superficielle; elle se termine, du côté opposé, par un petit manche façonné en spirale.

Le vaccinateur isolé de M. Comet, consiste en une lancette d'or, avec une gouttière sur le

---

(1) Fouquet (Henri), né à Montpellier en 1727, mort dans la même ville en 1806, l'un des premiers médecins du XVIII⁰ siècle, témoin des ravages que la petite vérole exerçait dans sa patrie, publia, en 1772, un opuscule sur le traitement de la variole des enfans, et une traduction du Traité de Dinesdale sur l'inoculation.

milieu; sa lame est montée sur une châsse dont les côtés sont isolés de la lame par le talon de la lancette, qui est épais de trois lignes, et à l'autre extrémité par un entre-deux de même épaisseur. Cette lancette peut conserver le vaccin, lorsqu'on a enveloppé l'instrument d'une feuille de plomb.

CONSIDÉRATIONS GÉNÉRALES

SUR LES INSTRUMENS DE CHIRURGIE.

Les Instrumens de Chirurgie, dès la plus haute antiquité, fixèrent l'attention des Sages et la curiosité des peuples. La plupart des Instrumens en usage du temps d'Hippocrate, avaient été inventés par les prêtres d'Esculape; ils étaient fort rares alors; on les déposait dans les temples, où ils étaient exposés à la curiosité publique. Le père de la médecine, parlant des Instrumens, veut qu'ils soient propres à remplir l'objet auquel on les destine, parce qu'il est honteux de ne point obtenir de la Chirurgie la fin qu'on se propose.

Nos Conservatoires attestent la longue enfance d'un art qui n'a marché vers sa perfection que lorsque nos grands maîtres, se bornant aux simples Instrumens nécessaires, rejetèrent cette énorme quantité d'Instrumens bizarres et pour le moins inutiles; car on a remarqué, aux diverses époques de la Chirurgie, que, moins elle était avancée, et plus on trouvait de ces machines et de ces moyens mécaniques, tristes ressources qui ne peuvent remplacer une main exercée et dirigée par le savoir. Il faudrait un Conservatoire immense pour rassembler tous les instrumens qui ont été inventés pour délivrer notre pauvre espèce des maux qui l'accablent; car, depuis le caillou tranchant qui servait à la circoncision (1), jusqu'au lithontripteur, inventé de nos jours, la quantité est prodigieuse. Desault, en s'emparant du sceptre de la Chirurgie, sentit la nécessité d'une réforme, et le besoin de les simplifier et de leur donner le plus grand degré de perfection possible.

De tout temps il y eut des opérateurs qui, pour obtenir une renommée que leurs talens ne pouvaient leur faire acquérir, inventèrent des instrumens dont l'utilité n'était nullement sentie;

---

(1) La circoncision est sans doute l'opération la plus ancienne; l'instrument qu'on employait pour la pratiquer, chez les Hébreux, était d'ordinaire un caillou tranchant; ce fut celui dont se servit Séphora, pour la circoncision de son fils Éliézer.

l'amour-propre trouvait son compte, on pouvait dire : C'est moi qui, le premier, ai trouvé cet instrument; on lui donnait son nom. De nos jours, nous avons vu des praticiens attacher une grande importance à de semblables inventions, et se disputer la découverte d'instrumens, que, par parenthèse, des savans se ressouvenaient d'avoir vu les dessins dans les ouvrages des Anciens (1). Quelques légères modifications apportées à un instrument, furent aussi, de nos jours, des motifs de jalousie et de dispute. Si cette fureur d'inventer ne plaide pas en faveur de ceux qui en sont atteints, elle n'en fait pas moins sentir la nécessité d'avoir de bons ouvriers; car il importe beaucoup au succès des opérations que les instrumens aient le plus grand degré de perfection possible.

Les lames des couteaux et des bistouris doivent être extrêmement soignées, et faites d'acier fondu pur, et exempt de pailles; leur longueur, leur forme, leur dos, leur pointe, leur tranchant, etc. doivent être en rapport avec l'usage auquel elles sont destinées, et doivent fixer l'attention du coutelier. M. Percy, en parlant des instrumens tranchans, s'exprime ainsi : « La trempe des « instrumens tranchans demande autant de soins

---

(1) Les ventouses à pompe.

« et d'attention que de pratique de la part des
« couteliers : il faut qu'elle soit relative à la
« quantité de l'acier et au service auquel est
« destiné l'instrument, qui, trop souvent pêche
« par cet endroit. En général, ils en trempent
« trop à la fois, ce qui fait que quelques-uns ne
« le sont qu'incomplétement. »

Je prendrai la liberté de relever cette erreur d'un de nos plus célèbres praticiens. Aucun coutelier ne fait d'instrument sans qu'il soit tout en acier; quant au nombre, je puis assurer que je n'ai jamais vu tremper plus d'un instrument à la fois. La qualité d'un instrument ne dépend pas seulement de la trempe, mais encore de la forge; car si l'ouvrier chargé de ce travail détériore l'acier, en le chauffant trop, la trempe ne pourra, tels soins que l'on y prenne, lui rendre sa qualité. J'observerai aussi que les couteliers ne devraient pas se servir d'eau pour aucun instrument; cette trempe est trop sèche pour l'acier fondu. A Namur, les couteliers emploient de l'huile et une composition qui donne beaucoup d'élasticité au tranchant. Je me suis procuré la recette de cette trempe, et je m'empresserai de la communiquer à ceux de mes confrères qui m'en feront la demande. La bonne confection des instrumens tranchans est d'une utilité si grande, qu'on ne doit négliger aucun moyen pour en obtenir de parfaite. Il en est à peu près

de même pour tous les Instrumens de chirurgie; mais la plupart des praticiens refusent de mettre un prix raisonnable à un Instrument bien confectionné. Perret, notre célèbre maître, dans son Art du Coutelier, dit : « J'avoue qu'il y a très-peu
« de scies aussi parfaites que celles que j'indique
« ici; mais c'est la faute de ceux qui les achè-
« tent, parce que souvent ils ne veulent pas
« mettre le prix qu'il convient de donner à tous
« ouvrages finis : on dira qu'un feuillet de scie
« n'est qu'un morceau de fer, et qu'il est bien
« payé à 30 sols; et je puis certifier, avec sincé-
« rité, qu'il est impossible de le faire parfait à
« moins de 6 livres. »

M. Percy, dans un de ses rapports au ministre de la guerre, se plaignait de cette pénurie de bons Instrumens : « J'atteste ici, et le souvenir
« m'en fait encore horreur, que l'an dernier,
« (1800), à l'hôpital ambulant de Kœnigfelden,
« en Argovie, je mis plusieurs minutes, et fis les
« plus grands efforts pour scier l'os, dans une
« amputation de la cuisse. Le même inconvénient
« est arrivé à M. Vernet devant Zurich. »

Toutes les substances ont été employées pour la confection des Instrumens; la plupart sont en or, en platine, en argent et en acier. Le platine devrait être employée pour les sondes solides, comme le moins oxydable de tous les métaux.

L'expérience a prouvé que l'écaille et la corne étaient ce qui convenaient le mieux pour manches d'Instrumens ; l'ivoire et la nacre attirent l'humidité, et occasionnent la rouille. En général, les manches doivent être d'une juste proportion, pour tenir dans la main. Ceux des instrumens tranchans doivent être à pans aplatis ; quand ils sont ronds, ils peuvent tourner dans la main. Les différentes parties du manche doivent être réunies par des clous de fer, et non de laiton ; ils durent davantage, et donnent plus d'assurance à la lame.

Il paraît que de tout temps on a mis beaucoup de luxe dans la confection des Instrumens de chirurgie. Hippocrate blâmait le luxe des médecins de son temps, qui avaient leurs *suppellex* en cuivre. Ambroise Paré, cédant à l'influence de la mode, fit sculpter et charger d'ornemens les manches des Instrumens dont il se servait, et qu'il montrait à Henri III, croyant les rendre ainsi plus dignes de la curiosité du monarque. Quand l'Impératrice de Russie chargea Morand de lui faire fabriquer à Paris un arsenal complet d'Instrumens de chirurgie, il en exposa, à la curiosité publique, la riche collection. Les grands praticiens attachent peu d'importance à ces vains ornemens d'or, d'argent, etc., dont la richesse n'ajoute ni au mérite de l'opérateur, ni au succès de l'opération. Les Anglais en sont prodigues; Acton, se disant lord anglais et père du ministre principal du royaume de Naples, étant réfugié en France, où il exerçait la chirurgie, avait coutume de jeter au feu ou par la croisée la lancette avec laquelle il venait de saigner une jolie femme. Personne ne mit plus de luxe et de recherche dans ses Instrumens : ils étaient brillans d'or, d'argent, de nacre et de ciselure; il se servait d'un forceps qu'il avait fait fabriquer en Angleterre, dont les branches étaient couvertes de lames d'or, et les poignées plaquées d'argent. Quelques particuliers mettent encore, de nos jours, autant de luxe dans le choix de leurs instrumens, et il m'a été commandé, plus d'une fois, des boîtes de dentiste et des nécessaires de bouche qui revenaient à plus de cent louis.

Tous les Instrumens concernant une opération sont rangés dans une boîte que l'on désigne par le nom de cette opération; les compartimens sont garnis en peau, en draps et même en satin; mais cette précaution d'enfermer les Instrumens dans des caisses ne suffit pas toujours pour les garantir de la rouille; il serait donc de la plus grande importance de trouver un bon moyen pour empêcher les Instrumens tranchans d'être la proie de la rouille; en campagne surtout, les saisons humides et l'emploi précipité des Instrumens dans une affaire, sans avoir le temps de les ressuyer parfaitement, les exposent à être promptement rouillés. MM. Percy et Laurent pensent qu'il serait avantageux d'étamer au moins les Instrumens en fer, et que, s'ils perdaient du côté de la beauté du poli, ils y gagneraient au moins la propreté, une plus longue durée, et ne seraient pas, dans beaucoup de cas, des véhicules de contagion. Je n'ai pas encore eu l'occasion de mettre ce moyen à exécution. Jusqu'à présent, le seul conseil que l'on puisse donner est d'essuyer parfaitement les Instrumens, de les frotter avec une bonne huile d'olive, et de les tenir dans un endroit sec et même exempt du contact de l'air. Perret donne la recette d'une composition dont il faisait usage, la voici : On prendra de l'huile d'olive, la plus claire et la meilleure, supposons-en la quantité d'une demi-livre; il faut la mettre dans un pôt de faïence; ensuite on fera fondre environ trois onces de plomb, et on le versera tout fondu dans l'huile. Ce plomb étant éteint, il faut transvaser cette huile (sans le plomb), dans une bouteille de verre propre à être bien bouchée, et dans laquelle on aura mis auparavant deux onces de cinabre; lorsque le tout y sera, on remuera bien la bouteille, pour lier ensemble l'huile et le cinabre; ensuite on laissera reposer la préparation, que nous appèlerons huile plombée. La même huile de plomb qu'on a mise sur un Instrument, dit Perret, ne doit pas être regardée comme un préservatif continuel; le plomb, il est vrai, absorbe l'acide de l'huile; mais il ne peut pas le détruire entièrement; il est donc convenable de n'en laisser subsister une couche que six à sept mois, après lequel espace, pour prévenir l'entière coagulation, on doit essuyer l'Instrument avec un linge un peu chaud, bien emporter la première couche, ensuite mettre une nouvelle couche d'huile de plomb, et enfin répéter cette opération tous les six ou sept mois; il est certain qu'avec ces précautions le fer et l'acier se conserveront, pendant des siècles, sans que la rouille y prenne, pourvu toutefois que le métal ait été bien fini, c'est-à-dire poli à traits perdus à l'émeri, et même à la potée.

Il suffit quelquefois d'une simple incision pour émousser le meilleur tranchant, le chirurgien placé dans les campagnes, loin des grandes villes, peut faire usage de la pierre verte de Lorraine ou d'Auvergne : celle à rasoirs est aussi très-convenable.

Le manche des Instrumens de chirurgie porte aussi le nom de châsse lorsque la lame est simplement enchâssée entre deux jumelles; on dit la châsse d'une lancette, le manche d'un couteau à amputation, et indifféremment la châsse ou le manche d'un rasoir. Avant le XVIIIe siècle, les manches étaient surchargés de sculpture et d'ornemens, qui souvent les rendaient lourds et difficiles à manier. Cet usage n'existe plus que dans le nord. Ils sont maintenant ornés simplement d'une virole et d'un écusson en or ou argent ; beaucoup même n'ont que des yeux en plaqué.

Le mot Instrument venant du latin *instrumentum* et *instruere*, Garengeot dit que les chirurgiens ont adopté ce nom de préférence, parce que plusieurs servent à les instruire de l'état des maladies. Ce terme est plus noble que celui d'outil, et est généralement employé pour les arts libéraux. Quoique plusieurs Instrumens portent le même nom que certains outils, comme la gouge, le ciseau, le maillet, ils ne sont que des outils dans la main de l'ouvrier, et prennent le titre d'Instrument dans celles du chirurgien. Ce serait manquer à un opérateur que de traiter ses Instrumens d'outils ; on cite à cet égard l'anecdote suivante : Un ministre affectait de dire à un chirurgien célèbre : « Vos outils sont-ils en état ? Le praticien lui répondit : Nous avons des Instrumens, et pas d'outils. — Comment appelez-vous donc un bistouri, répliqua le ministre ? — C'est un instrument comme votre épée, excepté que c'est un instrument de conservation, et que votre épée en est un de destruction. »

En Grèce et à Rome les Instrumens étaient exposés dans des officines ; quelques-uns sont parvenus jusqu'à nous; plusieurs, trouvés à Portici, sont conservés dans le Muséum de Naples. Cet usage d'exposer les Instrumens s'est continué jusqu'à nos jours; le cabinet de l'École de Médecine, et les divers arsenaux de chirurgie dans les hôpitaux, peuvent être consultés par les amateurs; mais beaucoup de ces collections ne contiennent pas tous les Instrumens de nouvelle invention; je suis donc dans l'intention de former un salon d'exposition, dans lequel on trouvera une réunion complète de tous les Instrumens en usage de nos jours, classés par ordre d'opération.

Nota. L'impression de cet Ouvrage était déjà achevée, lorsque nous nous sommes aperçus que nous avions commis une erreur, dans la note insérée au bas de la page 112, note que nous avions cependant puisée à une source respectable. Ne voulant pas contribuer à répandre une imputation qui pourrait être préjudiciable à la mémoire d'un homme distingué, nous nous empressons de la rectifier ici, en insérant les propres paroles de MM. Percy et Laurent, insérées dans un article du Dictionnaire des sciences médicales : « En ouvrant l'*Instru-*
« *mentarium* d'Alexandre Brambilla, on est d'abord
« effrayé de la multitude des Instrumens et des machines
« qui y sont représentés, et on n'est guère tenté d'en
« faire usage; mais l'étonnement cesse bientôt, quand
« on réfléchit que ce chirurgien, le bienfaiteur de son

« art, dans son pays, les avait moins recueillis pour
« conseiller l'usage de tous, que pour en orner les
« cabinets de l'Académie médico-chirurgicale de Vienne,
« à l'institution de laquelle il avait fait servir, plutôt
« qu'à sa fortune, la faveur d'un souverain ami surtout
« de la chirurgie militaire, et nous nous faisons un
« devoir de rendre à sa mémoire l'honneur qu'un vieillard
« passionné a cru pouvoir impunément lui ravir, trente
« ans après la mort de ce célèbre et respectable étranger.»

FIN.

TABLE

PAR ORDRE D'OPÉRATIONS.

	page
Dédicace.	v
Introduction.	j
Accouchemens.	5
Acupuncture.	26
Amputation.	28
Amigdales (Rescision des).	48
Anévrisme.	49
Anus contre nature.	51
Asphyxie.	54
Bec-de-Lièvre.	61
Bronchotomie.	63
Cancer.	65
Cataracte.	67
Cathétérisme.	77
Cautérisation.	83
Dents.	87
Dissection.	94
Extraction des corps étrangers.	104
Extraction des corps étrangers dans l'œil.	110
Extraction des corps étrangers dans les oreilles.	111
Extraction des corps étrangers dans l'œsophage.	113
Fistules.	116
Fistules a l'anus.	122

TABLE DES OPÉRATIONS.

	page
FISTULES SALIVAIRES.	126
FISTULES URINAIRES.	127
FREIN OU FILET.	130
HERNIE.	131
HYDROCÈLE.	135
LITHOTOMIE.	137
—— MÉTHODE DE LECAT.	155
—— PROCÉDÉ DE FOUBERT.	157
—— PROCÉDÉ DE THOMAS.	158
—— TAILLE DES FEMMES.	159
LUETTE (Rescision de la).	169
MOXIBUSTION.	170
OEsophagotomie.	173
PULMONIE.	Ibid.
PHLÉBOTOMIE, SCARIFICATIONS, MOUCHETURES, VENTOUSES.	174
POLYPES.	180
—— PROCÉDÉ PAR ARRACHEMENT.	181
—— PROCÉDÉ PAR EXCISION.	182
—— PROCÉDÉ PAR LIGATURE.	184
PONCTION.	191
TENDON D'ACHILLE.	197
TRÉPANATION.	198
TROUSSE (de la).	210
VACCINATION.	239

FIN DE LA TABLE DES OPÉRATIONS.

TABLE

DES INSTRUMENS

DÉCRITS DANS CET OUVRAGE.

	page
Acantabole.	110
Agraffe de Valentin.	62
Aiguilles à Acupuncture.	26
—— courbes, pour les Amputations.	47
—— pour les Anévrismes.	50
—— et Épingles pour le Bec-de-Lièvre.	62
—— pour la Cataracte.	68
—— pour la Fistule à l'anus.	125
—— à perforer l'oreille.	196
—— contenues dans la Trousse.	231
—— à Vacciner.	239
Appareil de M. Courtois pour l'Asphyxie.	56
Bandages.	133
Bdellomètre.	176
Becs-de-Cuillère.	105
—— de-Corbin, de-Canne, de-Grue.	109
Bistouris (Accouchemens).	24
—— pour les Amputations.	36
—— pour le Bec-de-Lièvre.	61
—— pour la Fistule lacrymale.	121
—— pour la Fistule à l'anus.	124
—— pour la Hernie.	131
—— pour la Trousse.	217

	page
Boîte-Entrepôt pour les Asphyxiés.	57
Bougies.	81
Bouton pour la Lithotomie.	153
Brayer pour les Anus contre nature.	53
Brise-Pierre de Lecat.	156
Bronchotome.	194
Canule pour la Bronchotomie.	64
—— pour la Fistule lacrymale.	118
—— droite pour la Lithotomie.	162
Cathéter pour la Lithotomie.	139
—— de Lecat.	155
Cautère des Arabes.	83
—— en usage.	85
Cératotome, ou Couteau de Wenzel.	69
Ciseau (du).	101
Ciseaux de M. Dubois pour le Bec-de-Lièvre.	62
—— pour la Cataracte.	74
—— pour la Dissection.	102
—— pour la Fistule à l'anus.	125
—— pour la Trousse.	214
Cisoires.	44
Cistitome.	71
Clefs de Garengeot.	87
—— de divers auteurs.	88
Compas d'épaisseur.	11
Compresseur de M. Dupuytren.	31
Conducteur pour la Fistule urinaire.	128
—— pour la Lithotomie.	144
Couteau droit pour l'Accouchement.	24
—— pour l'Amputation.	33
—— de Caqui de Reims.	48
—— de Wenzel.	69
—— de Richter, Béranger, la Faye et Poyet.	70

DES INSTRUMENS.

	page
Couteau pour la Dissection.	100
—— lenticulaire.	204
Crochets mousses.	5
—— aigus.	6
—— doubles.	7
——, à gaîne, de Levret.	Ibid.
Curette pour la Lithotomie.	138
Cystitome de Lecat.	155
Davier.	90
Désarticulateur.	37
Dilatateur pour l'Urètre.	129
—— pour la Lithotomie.	153
Élévatoire du dentiste.	91
—— pour la Trépanation.	205
—— de Petit.	207
Entérotome.	52
Erignes pour le Cancer.	67
—— pour la Dissection.	104
—— pour la Trousse.	235
Flammette.	229
Forceps.	12
—— de Levret.	14
—— de M. Dubois.	15
Gorgeret pour la Lithotomie.	145
—— pour la Fistule à l'Anus.	122
Gouge pour la Dissection.	101
Hachette anatomique.	100
Instrument de M. Guérin pour la Cataracte.	75
—— de M. Dumont id.	Ibid.
—— pour plomber les dents.	93
Intérotome.	102
Kibistitome.	71
Kiotome de Desault.	160

	page
Kistitome pour la Cataracte.	71
Lancettes.	227
Levier pour les Accouchemens.	8
—— de Roger Van Roonhuysen.	Ibid.
—— de Boom et Platmann.	9
—— de Péan.	Ibid.
Lithontripteur.	167
Lithotome.	141
Machine de M. Verdier.	50
Maillet anatomique.	98
Mains de Palfin.	12
Mannequin pour l'Acupuncture.	27
Marteau anatomique.	103
Meningophylax.	209
Névrotome.	95
Ophtalmostate.	72
Ophtalmoxistrum.	176
Palette de Cabanis.	120
—— pour la Saignée.	174
Pantoufle pour la rupture du Tendon d'Achille.	197
Pêche-Pierre.	156
Pectoriloque.	173
Pélican.	89
Pelottes compressives pour l'Anus contre nature.	53
Pelvimètre.	10
Perce-Crâne.	17
Pessaire.	134
Pharyngotome.	195
Pied-de-Biche.	91
Pinces à mordache de Levret.	21
—— à Faux Germe.	25
—— de Museux.	48
—— à Anévrisme.	51

DES INSTRUMENS.

	page
Pinces de M. Percy.	51
—— de M. Dupuytren pour l'Anus contre nature.	Ibid.
—— en bois de Marc-Aurèle Séverin.	62
—— pour le Cancer.	65 et 67
—— à lentille et à double érigne.	72
—— à Dissection.	96
—— anatomique.	98
—— pour l'extraction des Corps étrangers.	106
—— de Hunter.	193
—— à Polypes.	181
—— pour la Trousse.	223
Porte-Aiguille.	234
Porte-Caustique.	128
Porte-Mèche.	226
Porte-Moxa.	172
Porte-Nœud.	187
Porte-Pierre infernale.	226
Porte-Sonde.	121
Pyoulque de M. Desgranges pour l'Asphyxie.	56
Rachitôme.	101
Rasoir pour le Cancer.	66
—— pour la Trousse.	227
Repoussoir pour les Corps étrangers.	114
—— de M. Dupuytren.	115
Respirateur artificiel.	57
Rugines du dentiste.	92
—— pour la Dissection.	98
—— pour la Trépanation.	208
Scalpel.	95
Scarificateur.	175
Scie pour l'Amputation.	38
—— pour la Dissection.	99
Seringue à injection.	103

Seringue pour la Fistule lacrymale.	120
Serre-Nœud.	189
Sonde pour la Lithotomie.	77
—— droite.	79
—— à conducteur.	80
—— à bec conique.	81
—— cannelée.	122
—— exploratrice.	128
—— à doubles courans.	161
—— à dard.	162
—— de femme.	237
—— brisée, à Panaris.	Ibid.
Soufflet apodopnique.	55
Spatule.	225
Speculum-uteri.	11 et 72
—— *matricis.*	153
—— *ani, nasi.*	154
Stéthoscope.	173
Stylets pour la Fistule lacrymale.	116
—— à Panaris.	237
Tenaculum de Bell.	46
Tenaille incisive pour l'Amputation.	42
—— droite.	43
Tenettes.	150
Tire-Balles.	108
Tire-Fond du dentiste.	92
—— pour les Corps étrangers.	106
—— pour la Trépanation.	204
Tire-Tête.	20
Tiretoir.	90
Tourniquet.	28
Trépan.	198
Tréphine.	209

	page
Tribulcon, ou tire-balle de M. Percy.	107
Triploïde.	206
Trocart ou trois-quarts.	192
Tube laryngien.	23
—— de M. Desgranges.	54
—— laryngien galvanique.	55
—— à injection.	105
Urétrotome.	155
Vaccinateur isolé.	248
Valet à Patin.	46
Ventouses.	179

FIN DE LA TABLE DES INSTRUMENS.

www.ingramcontent.com/pod-product-compliance
Lightning Source LLC
Chambersburg PA
CBHW072012150426
43194CB00008B/1080